国家管辖范围外的
海洋法律制度

朱建庚 著

知识产权出版社
全国百佳图书出版单位

图书在版编目（CIP）数据

国家管辖范围外的海洋法律制度/朱建庚著. —北京：知识产权出版社，2019.8
ISBN 978-7-5130-5703-5

Ⅰ.①国… Ⅱ.①朱… Ⅲ.①海洋法—研究 Ⅳ.①D993.5

中国版本图书馆 CIP 数据核字（2019）第 173195 号

内容提要

本书以 1982 年《联合国海洋法公约》及其两个执行协定、国际海底管理局通过的探矿规章为主要法律依据，论述了国家管辖范围外区域（公海和国际海底区域）的现行法律制度。同时，就当前出现的新问题，尤其是公海海洋保护区、国家管辖范围外区域的生物多样性保护问题进行了探讨。在此基础上，对我国的立场和实践进行了分析。

责任编辑：韩婷婷　　　　　责任校对：王　岩
封面设计：张　悦　　　　　责任印制：孙婷婷

国家管辖范围外的海洋法律制度
朱建庚　著

出版发行：知识产权出版社有限责任公司		网　　址：http://www.ipph.cn	
社　　址：北京市海淀区气象路 50 号院		邮　　编：100081	
责编电话：010-82000860 转 8359		责编邮箱：176245578@qq.com	
发行电话：010-82000860 转 8101/8102		发行传真：010-82000893/82005070/82000270	
印　　刷：北京建宏印刷有限公司		经　　销：各大网上书店、新华书店及相关专业书店	
开　　本：720mm×1000mm　1/16		印　　张：13.5	
版　　次：2019 年 8 月第 1 版		印　　次：2019 年 8 月第 1 次印刷	
字　　数：205 千字		定　　价：66.00 元	
ISBN 978-7-5130-5703-5			

出版权专有　侵权必究
如有印装质量问题，本社负责调换。

目录 CONTENTS

第一章　海洋法的发展与海域划分 ·················· *001*

一、海洋法的发展 / 003

（一）第一阶段（1493 年之前）/ 003

（二）第二阶段（1493—1894 年）/ 005

（三）第三阶段（1894—1960 年）/ 008

（四）第四阶段（1960 年—现在）/ 009

二、海域的划分 / 014

（一）内水（internal waters）/ 014

（二）领海（territorial sea）/ 015

（三）毗连区（contiguous zone）/ 015

（四）专属经济区（exclusive economic zone）/ 016

（五）大陆架（continental shelf）/ 017

（六）公海（high seas）/ 017

（七）国际海底区域（international sea-bed area）/ 018

（八）用于国际航行的海峡（straits used for international navigation）/ 018

（九）群岛水域（archipelagic waters）/ 018

第二章 公海的航行与管辖 ········· 021

一、公海的法律地位 / 023

二、公海的航行制度 / 024

（一）船舶的国籍和登记 / 024

（二）国家对公海航行船舶的义务 / 034

（三）内陆国的公海航行问题 / 035

三、公海上的管辖权 / 036

（一）船旗国的管辖权 / 036

（二）其他国家的管辖权 / 037

四、公海自由和公海安全问题 / 039

第三章 公海生物资源的养护和管理 ········· 043

一、保护、保全与养护的概念辨析 / 045

二、公海渔业的有关条约 / 046

（一）早期的区域性和专门性条约 / 047

（二）全球性条约的出现与发展 / 049

三、公海渔业的养护和管理 / 050

（一）公海渔业养护和管理的文件和组织 / 050

（二）渔业资源养护与管理的主要措施 / 055

四、公海海洋哺乳动物的保护 / 057

（一）鲸的保护 / 057

（二）海豹的保护 / 059

五、北冰洋公海渔业问题 / 061

六、"次区域渔业委员会提交的咨询意见案"与我国的远洋渔业 / 064

（一）"次区域渔业委员会提交的咨询意见案" / 064

（二）我国的远洋渔业 / 066

第四章 公海的海洋环境保护 …………………………………………… 071

一、海洋环境问题 / 073

二、海洋环境保护国际法的发展 / 076

三、海洋环境保护的国际法体系及相关国际组织 / 079

（一）海洋环境保护的国际法律体系 / 079

（二）相关国际组织 / 080

四、1982年《海洋法公约》关于海洋环境保护的规定 / 084

（一）一般规定 / 084

（二）国际合作的法律制度 / 084

（三）技术规定 / 085

（四）海洋污染防治的措施 / 086

（五）管辖权的规定 / 087

五、当前公海环境的热点问题——海洋垃圾和海洋塑料 / 091

（一）海洋垃圾 / 091

（二）海洋塑料 / 092

第五章 公海海洋保护区 …………………………………………… 099

一、有关国际组织对公海保护区的推进 / 101

（一）世界自然保护联盟 / 101

（二）公海联盟 / 103

（三）《生物多样性公约》缔约方会议 / 103

（四）联合国大会及联合国环境规划署 / 104

二、建立海洋保护区的法律依据 / 105

三、公海保护区的实践 / 108

（一）地中海派拉格斯海洋保护区 / 108

（二）南奥克尼群岛南部大陆架公海保护区 / 112

（三）大西洋公海海洋保护区网络 / 115

（四）南极罗斯海海洋保护区 / 118

第六章 国际海底区域 ……………………………………………………… 121

一、国际海底区域的概念 / 123

二、国际海底区域的法律地位和开发制度 / 123

（一）国际海底区域的法律地位 / 123

（二）国际海底区域的开发制度之争 / 124

（三）《执行协定》对《海洋法公约》的修改 / 126

三、国际海底管理局 / 131

四、国际海底区域的勘探和开发规章 / 131

（一）探矿守则 / 131

（二）《"区域"矿物资源开发规章草案》 / 132

五、国际海底区域活动对海洋环境的影响 / 136

六、中国在国际海底区域的活动 / 141

（一）探矿活动 / 141

（二）立法活动 / 143

（三）国际合作 / 144

第七章 国家管辖范围以外海域的生物多样性保护问题 ……………… 147

一、进程的缘起 / 150

二、联合国的工作进程 / 151

三、BBNJ 建议性文件的主要成果及遗留问题 / 154

（一）明确了 BBNJ 的总体目标和法律安排 / 154

（二）明确了该法律制度的适用范围、对象和内容 / 155

（三）明确了 BBNJ 文件的一般原则和方法 / 155

（四）明确了划区管理工具（包括海洋保护区）以及区域的
选划原则 / 156

（五）遗留问题 / 156

四、BBNJ 谈判中的主要法律问题 / 157

（一）海洋遗传资源 / 157

（二）划区管理工具 / 162

（三）环境影响评价 / 168
　　（四）能力建设及海洋技术转让 / 172
　五、BBNJ 谈判对现有法律制度的挑战 / 173
　六、我国的原则立场 / 175

附录：联合国大会文件 A/AC. 287/2017/PC. 4/2 ·············· **177**
　一、导言 / 179
　二、组织事项 / 180
　三、筹备委员会的建议 / 185
　四、其他事项 / 197
　五、通过筹备委员会的报告 / 197
　附件 / 198

参考文献 ·· **199**

第一章

海洋法的发展与海域划分

海洋是地球上最广阔的水体的总称，海洋的中心部分称作洋，边缘部分称作海，彼此沟通组成统一的水体。其总面积约为3.6亿平方公里，约占地球表面积的71%。随着科学技术的发展，人类的海洋活动范围不断扩大，规范人类海上行为的海洋法也在不断地发展。

一、海洋法的发展

（一）第一阶段（1493年之前）

海洋法的最早起源，如同国际法一样，可以追溯到古代。在欧洲，古希腊人曾经出现统治海洋的思想，当时希腊各国的同盟条约中，有"统治海洋""成为海上主宰"等语句。[1]

在罗马法中，大海被定性为万民法上的物，与一般的私有财产类型相对立。《查士丁尼学说汇纂》（Digest of Justinian）中记载的法学家马尔西安（Marcianus）的论述，被认为是关于海洋的法律地位和人们利用海洋及其产品的权利的法律理论的最早记录。[2]马尔西安（Marcianus，生活于公元2世纪初期）认为，根据自然法（Jus naturalis），空气、流水、大海及海滨是共用物（res communis），不禁止人们去海边钓鱼，只要人们不侵入房屋或建筑物就可

---

[1] 周子亚. 海洋法的形成和发展 [J]. 吉林大学社会科学学报，1982（3）：35.

[2] Percy Thomas Fenn. Justinian and Freedom of Sea [J]. The American Journal of International Law, 1925, 19 (4): 716.

以，因为这些物不像大海那样属于万民法（Jus gentium）上之物。另一位古罗马法学家杰尔苏（Celsus）表达了同样的观点，他认为大海如空气一样，为全人类所共用，不能被任何人占有。在海上建造的建筑物归建筑者所有；如果这种建筑有害于大海或海滨，则确实不应允许。❶ 在《查士丁尼法学阶梯》（The Institutes of Justinian）中，认为与海洋不同，海港是公有物（res publicae），不是共有物，国家对海港有管辖权（rights of jurisdiction）但没有所有权（ownership）。❷ 保罗斯（Paulus，公元 121—180 年）将海岸线定义为海水的高潮线。罗马拜占庭时代的国家很难做到对浩瀚的大海进行较为全面的控制，把大海宣布为万民法上的物，使各个民族都可自由接近和使用，在某种意义上讲，有利于海洋活动的进行和开展。罗马对地中海和邻接海区采取一种广泛的控制措施，但它并不主张对这些海域的专属所有权，而是主张罗马国家的所有成员自由、普遍和公开地利用海洋。❸

到中世纪时，人类对海洋的利用更为广泛，沿海国往往立法与武力手段同时并进，并且常因此而引起战争。最显著的例子可以在早期意大利共和国中找到。13 世纪末叶前，城市国家威尼斯，已经对邻接其陆地的海域行使管辖，这实际上是主张海洋占领。❹威尼斯对亚德利亚海的统治，是由惯例和条约牢固地建立的，因为它当时起了阻挡土耳其人入侵欧洲和消灭海盗的作用，故为其他国家所承认。在意大利半岛的另一边，另一个城市国家热那亚把一个较小的利古利亚海占为己有，有些地中海国家跟着效尤，把同它们有关的水域都划入自己的管辖范围。而在北欧，丹麦、瑞典以及波兰控制了波罗的海；挪威对谢特兰群岛、冰岛、格陵兰岛以及斯瓦巴德岛及其附近海域行使管辖权。这些国家的实践，主要也是基于一种海洋占领的思想，❺ 也成为这些

---

❶ Percy Thomas Fenn. Justinian and Freedom of Sea [J]. The American Journal of International Law, 1925, 19 (4): 723.

❷ Percy Thomas Fenn. Justinian and Freedom of Sea [J]. The American Journal of International Law, 1925, 19 (4): 727.

❸ 陈德恭. 现代国际海洋法 [M]. 北京：中国社会科学出版社，1988：265.

❹ Pitman B. Potter, The Freedom of the sea in History, Law and Politics [J]. The American Journal of International Law, 1925 (1): 231.

❺ Wemyss, Thomas Fulton. The Sovereignty of the Sea [M]. London: William Blackwood, 1911: 3.

国家后来控制海域、捕鱼、航行和通商方面的根据。❶

(二) 第二阶段 (1493—1894 年)❷

在航海大发现和早期的殖民时代，西班牙和葡萄牙通过海洋探险发现新大陆，将所到之处的土地及其之上的人、财、物统统据为己有，后又垄断海上贸易，迅速雄霸世界。海洋法也成为少数国家争夺、瓜分、维持海上霸权的工具。

1492 年哥伦布横渡大西洋后，为了缓解西班牙和葡萄牙两国掠夺海外的殖民地、市场和财富所造成的紧张氛围，教皇亚历山大六世 (Pope Alexander VI) 于 1493 年发布训谕，划定亚速尔群岛和佛得角以西约 100 里格 (League)❸ 的子午线为分界线，这条分界线被后人称为"教皇子午线"。该线以西的一切土地归属西班牙，以东的土地归属葡萄牙，因此西班牙取得了太平洋和墨西哥湾的管辖权，葡萄牙人则成为摩洛哥南部大西洋和印度洋的主宰者。葡萄牙国王若昂二世对此表示不满，两国于 1494 年 6 月 7 日缔结了《托德西拉斯条约》(Treaty of Trodesillas)，将该线向西移动了 270 里格，并最终得到了教皇亚历山大六世的认可。双方约定，葡萄牙在印度洋、南大西洋，西班牙在西大西洋、墨西哥湾和太平洋享有专属的航行权，有权对外国船只征收通行费，也有权限制或禁止外国船舶通行，禁止或限制外国渔船捕鱼。

1498 年达·伽马发现通往印度的新航路，1522 年麦哲伦横渡太平洋后，两国又签订了《萨拉戈萨条约》(Treaty of Saragossa)，在摩鹿加群岛 (Molucca islands) 以东 17 度处再划出一条线作为两国在东半球的分界线，线西和线东分别为葡萄牙和西班牙的势力范围。至此，葡萄牙和西班牙在人类历史上首次瓜分了全世界。❹ 两国和平相处不久，葡萄牙即沦为西班牙的属

---

❶ 陈德恭. 现代国际海洋法 [M]. 北京：中国社会科学出版社，1988：5.
❷ 发展阶段的划分，参见郁志荣. 国际海洋法发展史的追溯 [J]. 海洋开发与管理，2000 (1)：40-42.
❸ 里格 (League)，是陆地及海洋的古老的测量单位，1 里格约等于 3.18 海里。
❹ 崔凤, 陈默. 突破教皇子午线：荷兰的海洋强国之路 [J]. 中国海洋大学学报（社会科学版），2015 (4)：17.

国。西班牙称霸海上的日子不长，遭到后来崛起的海洋大国如荷兰、英国、法国、德国等的强烈反对，希望在全世界无限制地通商航海，这引发了"海洋自由"（mare liberum）和"海洋闭锁"（mare clausum）的法律争论，而近代国际法和海洋法正是在各国争夺制海权中应运而生的。❶

这两种理论起因于对海洋管辖权的争夺，为了垄断对东方的贸易，西班牙和葡萄牙控制了通往东南亚和印度的要道，经常以武力袭击荷兰的船舶。为了保护和发展海外贸易，荷兰政府于1602年成立半官方性质的荷属东印度公司。1603年荷兰东印度公司的西姆斯克（Jacob van Heemskerk）将军在马六甲海峡捕获了一艘葡萄牙商船"卡瑟琳娜号"（Catharina），他把船员遣散回家，将船送交阿姆斯特丹捕获法庭审判。荷属东印度公司请格老秀斯（Hugo Grotius）撰写了《捕获法和战利法适用凯瑟琳号的评论》，为荷兰的立场辩护，其中第十二章经修改后于1609年单独发表，即《海洋自由论》（Marc Liberum）。❷格老秀斯"海洋自由论"最初的目的是论证荷兰享有前往印度从事商业贸易的权利。格老秀斯首先从海洋的法律性质着手，认为海洋属于取之不尽、用之不竭、不可占领的"无主物"（resnullis）、"共有物"（rescommunis）或"公有物"（respubliac），不为任何人所专有，任何国家不得对海洋提出要求，海洋应向所有国家开放，由所有国家平等使用。接着，他又提出，人类间的相互交往和贸易是人类社会的自然需求，妨碍这一交往的行为"冒犯了自然本身"；因为人类之间有进行交往和交换的自然需要，即使远隔重洋，人们也可以通过行使航行权而建立相互的联系。正是基于以上两点正义性基础，所有国家都应当享有利用海洋进行航行和运输的自然权利。

格老秀斯的主张成为当时英国、荷兰、法国和德国用以反对西班牙和葡萄牙的权利主张的武器，❸但并不为所有国家所接受，而且在海洋法学界也出现了一种"海洋封闭"（mare elausum）的理论与之相抗衡。1613年，牛津大学教授真提利斯（Gentilis）在《西班牙辩护论》中为西班牙的主张呐喊助

---

❶ Wemyss, Thomas Fulton. The Sovereignty of the Sea [M]. London: William Blackwood, 1911: 10.
❷ 格老秀斯. 论海洋自由 [M]. 马忠法, 译. 上海: 上海人民出版社, 1988: 2.
❸ 陈德恭, 高之国. 国际海洋法的新发展 [J]. 海洋开发与管理, 1985 (1): 43.

威,同年英国学者威廉·韦尔伍德(William Welwood)指出:邻接沿海国海岸的沿海水域必须由该国所管辖,沿海国对该水域享有航行权和捕鱼权。1633年巴勒斯写成《不列颠海的主权》,与格老秀斯针锋相对地进行争论。1635年英国学者塞尔登(John Selden)发表了《闭海论》一书,通过分析自然法和各个国家在不同历史时期的习惯和实践,塞尔登海洋并非在任何地方都是公有的,较为充分地论证了海洋可以成为各国主权主张的对象,但其他国家有"无害通过权"(innocent passage)。

格老秀斯的主张虽然遭到了攻击和反对,但航海自由是资本主义兴起的必然产物,尤其在18世纪初英国取得海上霸权以后,公海自由转而对其有利,便放弃了"海上控制论"的主张,开始倾向于把海洋划分为属于沿海国主权范围的领海与不属任何国家的公海。

相对于领海概念的确立,关于领海宽度的争议则要复杂得多。其代表性的主张有[1]:(1)航程说:如意大利法学家巴托拉斯主张沿海国对领海的管辖权延伸至从海岸算起100海里的距离或相当于两天的航程。16世纪荷兰法学家真提利斯以及英国法学家普洛登(Plowden)等人持有类似的主张。(2)视野说:即以目力所及的地平线作为领海的界线,一般此距离为14海里,最早采用这种主张的是苏格兰以及英国、西班牙等。如1566年西班牙国王菲利普二世规定:"任何船只都不能进入我们的海岸、海湾或河流,即从我们的土地上看见的界限以内,以伺机破坏我们或我们的盟国的船只。"(3)射程说:即以沿海国在岸上拥有的实际力量来决定海上行使控制权的范围。最早使用大炮射程规则的是1610年荷兰和英国的渔业争端。真正将这一概念引入国际法的是荷兰法学家宾克舒刻(Bynkershoek)。1702年他提出海岸对海域的控制权,"使陆地的权力扩展到炮弹爆炸的地点显然是较为合理的,陆地的权力是以武器威力的范围为范围"。这一制度在17世纪的大部分时间里为荷兰、法国等国家所执行。(4)3海里原则:最早的3海里连续性领水的主张是瑞典于1756年提出的。3海里主张提出后得到了部分国家的采纳:美国总统华盛顿

---

[1] 关于领海宽度的代表性主张,参见刘中民.领海制度形成与发展的国际关系分析[J].太平洋学报,2008(3):18-19.

在1793年对英法战争发表的声明中提出将在海岸3海里内保持中立；此后法国在1795年与突尼斯签署的条约中也采纳了这一规则。1878年英国颁布《领海管辖法》，建立了海里领海制度。1894年美国宣布3海里领海。此外，还有一些国家宣布对邻近海域行使管辖权。到19世纪，几乎所有的沿海国家都宣布建立领海，对领海实行管辖。至此，公海和领海的区分也已基本确立。

（三）第三阶段（1895—1960年）

这一阶段，科学技术日新月异的发展，极大地提高了人类在海上的活动范围，越来越多的国家开始关注海洋，意图谋求海洋上的最大权益，因而提出了若干海洋制度方面的要求，海洋法的编纂进入一个新的发展时期。

1930年，国际联盟在海牙召开国际法编纂会议，领海制度被列为适合法典化的课题之一，这是首次讨论海洋法问题的国际性会议。在筹委会准备的预案"讨论基础"中指出：领海宽度原则上为3海里，仅对历史上一直主张的国家给予承认3海里以上。同时为防止违反关税、卫生上的规定和防止危害国土安全，沿海国可在距岸12海里内设定毗连区。当时有47个国家参加会议，只有7国没有就领海宽度问题提出具体主张。其余33国提出的主张大概分三类：（1）英、美、荷兰、日本等12国主张3海里领海宽度；（2）法、德、比利时、波兰、埃及5国主张在3海里的领海外，再加专门管辖区的主张；（3）意大利、西班牙、葡萄牙、土耳其和北欧、南美有关国家共16国提出多于3海里的领海宽度；苏联沿用俄国的12海里领海宽度。[1]但由于对沿海国的渔业利益和有关适用战争法以及中立法的领海范围问题认识不足，同时各国对领海宽度存在利害冲突和意见对立，以致此次会议没有达成协议。

第二次世界大战中，大多数交战国坚持保有3海里领海的规则，以行使海上捕获权，但是这样做并没有完全消除以往在领海宽度问题上的混乱。

1945年9月28日，美国总统杜鲁门发布两项公告，分别阐述美国关于大陆架底土和海床的自然资源与公海某些海域的沿海渔业的政策。《杜鲁门公告》源于20世纪30年代美国国内出现的扩大近海管辖权的构想，反映了美

---

[1] 周子亚.海洋法的形成和发展［J］.吉林大学社会科学学报，1982（3）：36.

国意欲扩大近海管辖权和维护海洋自由原则的双重目的。其中的《大陆架公告》(《美国关于大陆架底土和海床的自然资源的政策的第 2667 号总统公告》)指出，美国政府认为，处于公海下但毗连美国海岸的大陆架的底土和海床的自然资源属于美国，受美国的管辖和控制。宣布邻接美国海岸直到水深 100 时（183 米）的大陆架属美国管辖和控制，旨在养护和利用海床及底土的自然资源。墨西哥随后于 1945 年 10 月 27 日宣布开发沿海直到水深 200 米大陆架的权利。此后，许多国家也相继宣布对沿海大陆架的权利，主张沿海国对附近海域的管辖权。

1947 年智利和秘鲁分别宣布对其沿海 200 海里范围内的海洋区域行使管辖和控制，但不影响行使公海自由航行的权利。此后，拉丁美洲国家通过几次国际会议发表政策宣言，建立 200 海里领海或主权管辖权区域。如此广泛的国家立法行动，要求联合国采取措施通过国际会议编纂国际法。1947 年根据联合国大会决议成立的国际法委员会将海洋法作为最优先审议的项目，从 1950 年开始为第一次联合国海洋法会议拟订条款草案。

1958 年 2 月 24 日至 4 月 27 日在日内瓦召开了第一次联合国海洋法会议，出席会议的有 86 个国家和地区的代表。会议对国际法委员会草拟的有关领海、公海、渔业和大陆架条款进行审议，最后通过了四项海洋法公约：《领海和毗连区公约》《公海公约》《公海渔业和生物资源养护公约》《大陆架公约》。但会议在领海和渔区宽度问题上未能达成协议。

第二次联合国海洋法会议于 1960 年 3 月 17 日至 4 月 26 日在日内瓦举行，参加会议的国家和地区共有 87 个。这次会议主要是为了解决第一次会议悬而未决的领海和渔区宽度问题。然而，由于各国的分歧实在难以调和，此次会议无果而终。

（四）第四阶段（1961 年—现在）

这个阶段，科学技术突飞猛进的发展使得人类在海上的活动能力大大提高。1958 年《大陆架公约》对大陆架的范围，采用水深 200 米或开发极限两个标准。随着海底钻探技术日新月异的进步，大陆架的范围超越了地理学上的大陆架边缘，可能开发的海底区域从大陆坡延伸到大陆基。水深200米作为大陆架的范围已经没有任何意义。针对此问题，根据马尔他帕多大使的提议，1967年，联合国大会ARES2340（XXII）决议设立"国家管辖范围以外海床洋底和平利用特设委员会"，确保国家管辖范围外的海床洋底的探测和利用能遵照联合国宪章的原则与宗旨，有利于维护国际和平与安全，并为全人类谋福利。1968年，联合国大会ARES2467（XXIII）决议设立"国家管辖范围以外海床洋底和平利用委员会"（以下简称海底委员会），委员会建立了法律小组委员会和经济技术小组委员会。1970年，第25届联合国大会根据海底委员会的报告，通过《管理国家管辖范围以外海床洋底及其底土原则宣言》，成为后来第三次海洋法会议制定国际海底制度的依据。此次联合国大会还通过一项重要决议，从1973年起召开第三次海洋法会议。海底委员会的工作于1973年正式结束，委员会工作记录共6卷，在总计1060页的工作报告中，列举了各项问题的提案和各种备选案文，这是第三次海洋法会议的工作基础。

1973年12月开幕的第三次海洋法会议，到1982年12月结束，共举行了11期会议，最终以130票赞成、4票反对❶和17票弃权❷的表决结果通过了《联合国海洋法公约》（以下简称《海洋法公约》），于1994年11月16日开始生效。截至2017年5月，共有168个缔约国。公约包括7个部分，共320条，以及9个附件。与传统海洋法律秩序相比，《海洋法公约》规定了一些新的海域制度，包括用于国际航行的海峡的过境通行制、群岛水域、专属经济区、国际海底区域；公约还专章规定了海洋环境的保护和保全、海洋科学研究、海洋技术的发展和转让以及争端解决等制度。根据公约创设了国际海底管理局、国际海洋法法庭和大陆架界限委员会等国际组织和机构。《海洋法公约》被誉为"海洋宪章"，它的缔结标志着现代海洋法律秩序的确立。

《海洋法公约》通过后，西方主要工业国家对于公约第十一部分国际海底区域的规定持有保留意见，因此迟迟不肯参加公约，还通过声明、国内立法

---

❶ 以色列、土耳其、美国和委内瑞拉。
❷ 比利时、保加利亚、白俄罗斯、捷克斯洛伐克、民主德国、联邦德国、匈牙利、意大利、卢森堡、蒙古、荷兰、波兰、西班牙、泰国、乌克兰、苏联、英国。

以及"小条约"的方式与《海洋法公约》的规定对抗。❶ 为使历经多年谈判才缔结的公约能为多数国家普遍接受，时任联合国秘书长德奎利亚尔在1990年至1994年，召集了一系列的非正式磋商（共15次），于1994年通过了《关于执行1982年12月10日〈联合国海洋法公约〉第十一部分的协定》（以下简称《1994年协定》）❷。该协定于1998年7月28日生效，截至2017年5月，共有150个缔约国。❸ 协定规定：其和公约第十一部分应作为单一文书解释和适用，如有不同规定，以协定为准（第2条）。同时，在协定通过后，任何国家参加公约即亦表示同意接受协定的拘束（第3条）。因此，尽管没有适用公约规定的修正程序，但该协定实际上已经对《海洋法公约》第十一部分作了修改。

1992年，联合国大会A/RES/47/192号决议决定按照联合国环境与发展会议❹的规定，由联合国主持召开跨界鱼类和高度洄游鱼类种群保护的国际会议。决议还要求会议的工作和结果应符合《海洋法公约》的各项规定，特别是关于沿岸国和在公海捕鱼国家的权利和义务方面的规定，对于洄游范围包括专属经济区的鱼类（跨界洄游鱼类）和高度洄游鱼类，各国应全面实施《海洋法公约》关于捕鱼的条款规定。经过三年的努力，1995年12月通过了《关于执行1982年12月10日〈联合国海洋法公约〉有关养护和管理跨界鱼类和高度洄游鱼类种群规定的协定》（以下简称《1995协定》），协定于2001年12月11日开始生效，截至2017年5月，共有86个缔约国。

《海洋法公约》是在一定历史时期、各种力量对比和照顾各方面利益的条件下，通过漫长的谈判、磋商、妥协的产物，它突破了传统领海公海制度，打破了海洋强国独霸海洋的局面，对建立国际海洋新秩序，促进国际社会和

---

❶ 参见肖锋.联合国海洋法公约第十一部分及其修订问题[J].甘肃政法学院学报，1996（2）：58.

❷ 该协定于1998年7月28日生效，截至2017年5月，共有168个缔约国。

❸ Chronological lists of ratifications of, accessions and successions to the Convention and the related Agreements [EB/OL]. http://www.un.org/Depts/los/reference_files/chronological_lists_of_ratifications.htm#Agreement for the implementation of the provisions of the Convention relating to the conservation and management of straddling fish stocks and highly migratory fish stocks [2018-12-10].

❹ 1992年在巴西里约热内卢召开的联合国环境与发展会议通过的《21世纪议程》第17章方案C"关于公海海洋生物资源的养护和可持续利用"（17.44—17.68）。

平进步和世界海洋经济的发展，且为国家和国家、国家和国际组织之间的合作提供了机会，是一个具有重要历史意义的里程碑。❶

随着国际形势及海洋科学技术的发展，人类面临着更多的海洋问题需要规制，在《海洋法公约》的框架下，海洋法一直处于变动和发展中。联合国秘书处法律事务厅下设海洋事务和海洋法司，负责海洋法的相关事宜，由司长领导，司长向法律顾问负责。该司的核心职能包括以下内容：❷

（1）就《联合国海洋法公约》的执行、与海洋事务研究和法律制度有关的一般性问题和具体发展问题提供咨询意见、研究报告，提供协助和调查；

（2）就海洋法和海洋事务向大会提供实质性服务并向海洋法公约缔约国会议和大陆架界限委员会提供实质性服务；

（3）向联合国系统各组织提供帮助，并协助使其各自权限范围内的文书和方案符合《海洋法公约》；

（4）履行秘书长根据《海洋法公约》所承担的除保管职责以外的职责；

（5）从事监测和研究活动，维持一个有关《海洋法公约》、海洋法和海洋事务的综合性信息系统和研究图书馆；

（6）提供海洋法和海洋事务领域的培训、奖学金和技术援助；

（7）就编制《联合国各机关惯例汇编》安排对《联合国宪章》有关条款的研究。

联合国大会自成立以来一直致力于海洋事务的发展，根据1994年联合国大会第49/28号决议，在1982年《海洋法公约》通过后，大会一直在根据秘书长编写的年度综合报告进行审查，成为审查海洋事务和海洋法的全球机构。在联合国大会中，与海洋法有关的机构和进程还有以下内容：❸

（1）不限成员名额的非正式协商进程。

这是联合国大会1999年11月24日决定设立的一个进程。根据2000年联

---

❶ 罗钰如. 历史地、发展地、全面地看待1982年《联合国海洋法公约》[J]. 太平洋学报，1995（2）：36.

❷ Division for Ocean Affairs and the Law of the Sea [EB/OL]. http://legal.un.org/ola/div_doalos.aspx?section=doalos [2018-12-1].

❸ Oceans and the Law of the Sea in the General Assembly of the United Nations [EB/OL]. http://www.un.org/Depts/los/general_assembly/general_assembly.htm [2018-12-1].

合国大会第54/33号决议，不限成员名额的非正式协商进程是在符合《海洋法公约》所提供的法律框架以及《21世纪议程》第17章的目标下，为了便于大会能够通过审议秘书长关于海洋和海洋法的报告，通过提出可由其审议的具体问题，并有效地、建设性地审查海洋事务的发展情况而设立的。非正式协商进程最初规定为三年，在实施过程中，联合国及参与的国家认为此进程有助于加强联合国大会关于海洋与海洋法的年度辩论，有利于联合国大会对海洋事务和海洋法发展的年度审查，在对解决全球海洋管理问题采取更综合的办法上作出了重要贡献，并加强了所有相关行动者之间的协调与合作，所以进程屡次得以延期，最近的一次会议是2017年5月在联合国总部召开的第18次会议。❶

（2）国家管辖范围外海域生物多样性养护和可持续利用问题不限成员名额非正式特设工作组（以下简称"特设工作组"）❷。

2004年11月联合国大会通过的第59/24号决议中，决定设立不限成员名额非正式特设工作组，研究与国家管辖范围以外区域的海洋生物多样性的养护和可持续利用（the Conservation and Sustainable Use of Marine Biological Diversity of Areas Beyond National Jurisdiction）有关的问题。从2006年在联合国总部召开第一次会议开始，特设工作组一直就各国分歧严重的问题进行讨论，但各自的主张和立场没有根本性的变化，讨论进展非常缓慢。既然认识到人类活动对BBNJ的巨大影响，便有必要加快BBNJ相关议题的讨论，2015年1月，特设工作组就给第69届联合国大会建议的两个问题达成共识，一是必须通过全面的全球性制度来更好地处理BBNJ问题，制定《海洋法公约》框架下具有法律拘束力的国际协定；二是确定国际协定谈判的基本程序与路线图。❸ 为此，根据2015年联合国大会第69/292号决议，在举行政府间会议之前，设立一个筹备委员会，所有联合国会员国、专门机构成员和《海洋法公

---

❶ United Nations Open-ended Informal Consultative Process on Oceans and the Law of the Sea [EB/OL]. http://www.un.org/Depts/los/consultative_process/consultative_process.htm [2018-12-5].

❷ Ad Hoc Open-ended Informal Working Group to study issues relating to the conservation and sustainable use marine biological diversity beyond areas of national jurisdiction.

❸ 2015年6月19日大会决议，A/RES/69/292.

约》缔约方均可参加，并按照联合国惯例邀请其他方面作为观察员参加，就根据《海洋法公约》的规定拟订一份具有法律约束力的国际文书的案文草案要点向大会提出实质性建议，筹备委员会 2016 年开始工作，并在 2017 年年底以前向大会报告其进展情况。截至 2017 年 7 月，筹备委员会已经召开了四次会议。❶ 会议力图将管理对象议题聚焦在海洋生物遗传资源问题上，将新协定作为对《海洋法公约》的补充和完善，这也是 BBNJ 谈判能够顺利推进的基础。但由于在概念和范围等基本问题上还存在较大争议，谈判进展还不明显。

除《海洋法公约》的条约体系外，与海洋有关的一些国际组织为海洋法的发展也作出了自己的贡献。例如，国际海事组织（IMO）致力于保证航行安全和防止船舶污染，粮食与农业组织的渔业与水产部（FAO）努力促进渔业和水产养殖资源的负责任和可持续利用，联合国环境规划署（UNEP）将海洋环境作为其工作的一个重要内容，尤其是在 1974 年开始了区域海洋项目。

二、海域的划分

海域的划分是随着海洋法的发展而变化的。按照 1982 年《海洋法公约》的规定，海域可以划分为以下几种。

（一）内水（internal waters）

根据《海洋法公约》第 8 条的规定，除第四部分（指群岛国）另有规定外，领海基线向陆一面的水域构成国家内水的一部分。在群岛水域的情况下，群岛国可用封闭线来划定其内水的界限。《海洋法公约》没有专门规定内水的法律地位，因此内水仍受习惯国际法的调整。内水的法律地位和内陆水域相同，沿海国享有主权。但一般认为，沿海国通常基于礼让将不影响其和平安

---

❶ Preparatory Committee established by General Assembly resolution 69/292: Development of an international legally binding instrument under the United Nations Convention on the Law of the Sea on the conservation and sustainable use of marine biological diversity of areas beyond national jurisdiction [EB/OL]. http://www.un.org/Depts/los/biodiversity/prepcom.htm [2018-12-5].

全和良好秩序而纯属船舶内部的事务让渡给船旗国管辖。❶

(二) 领海 (territorial sea)

领海概念的形成主要来源于习惯国际法。主张"海洋自由论"的格老秀斯也承认那些可以从岸上控制的范围，沿海国可以进行控制。这在一定程度上成了以后建立领海的根据。后来，塞尔登提出的"闭海论"，更为领海制度的建立提供了依据。❷

不过领海这一术语是1930年海牙国际法编纂会议正式采用的，之前多被称为领水 (territorial waters)。但领水是指一国主权管辖下的所有水域，包括内水 (内陆水和海洋中的内水部分) 和领海。根据《海洋法公约》第2条的规定，沿海国的主权及于其陆地领土及其内水以外邻接的一带海域，就是领海，在群岛国的情形下，则及于群岛水域以外邻接的一带海域，这就是领海，此项主权及于领海的上空及其海床和底土。关于领海的宽度问题，历史上一直存在激烈的争论，历经多年，终于在第三次海洋法会议上达成一致，写入《海洋法公约》，公约第3条规定每一国家有权确定其领海的宽度，直至从按照公约规定的基线量起不超过12海里的界限为止。

领海与内水都是沿海国领土的组成部分，同属于国家主权管辖范围，两者之间的主要区别是：沿海国的领海主权要受外国船舶无害通过这一习惯法规则的限制；而这一限制在内水制度中并不存在。不过，对于那些原来并未被划为内水而在采用了直线基线后才被包围在基线内而成为内水的海域，应当允许外国船舶无害通过。

(三) 毗连区 (contiguous zone)

毗连区是领海以外毗连领海的一个区域，根据《海洋法公约》第33条的规定，从测算领海宽度的基线量起，不得超过24海里。

沿海国可以在这个区域内对某些事项行使必要的管制，包括：防止在其

---

❶ 马尔科姆·N. 肖. 国际法 [M]. 白桂梅，等，译. 北京：北京大学出版社，2011：439.
❷ 陈德恭. 现代国际海洋法 [M]. 北京：中国社会科学出版社，1988：39.

领土或领海内违犯其海关、财政、移民或卫生的法律和规章；惩治在其领土或领海内违犯上述法律和规章的行为。毗连区的主要职能是作为一种缓冲区或检查区，赋予沿海国在领海之外的海域还可以行使上述管辖权。

（四）专属经济区（exclusive economic zone）

专属经济区是领海以外并邻接领海的一个区域，从测算领海宽度的基线量起，不应超过200海里。

根据《海洋法公约》第56条的规定，沿海国在专属经济区内享有以勘探和开发、养护和管理海床上覆水域、海床及其底土的自然资源（不论生物或非生物资源）为目的的主权权利，以及关于在该区内从事经济性开发和勘探，如利用海水、海流和风力生产能等其他活动的主权权利；还享有人工岛屿、设施和结构的建造与使用、海洋科学研究及海洋环境的保护和保全方面的管辖权。不过沿海国在专属经济区内行使其权利和履行其义务时，应适当顾及其他国家的权利和义务。该公约第57条规定在专属经济区内，所有国家，不论沿海国或内陆国，在本公约有关规定的限制下，享有第87条所指的航行和飞越的自由、铺设海底电缆和管道的自由，以及与这些自由有关的海洋其他国际合法用途，诸如同船舶和飞机的操作及海底电缆和管道的使用有关的并符合本公约其他规定的那些用途。同时要求各国在专属经济区内根据本公约行使其权利和履行其义务时，应适当顾及沿海国的权利和义务，并应遵守沿海国按照本公约的规定和其他国际法规则所制定的与本部分不相抵触的法律和规章。公约还在第61—66条中，对于专属经济区内生物资源的养护与管理做了具体规定。

专属经济区是《海洋法公约》新设立的海域，打破了"领海以外即是公海"的传统国际法观念，对国际海洋法产生了巨大的影响，具有极大的政治和经济意义。实行专属经济区制度之后，占全球海洋总面积36%的海域，即约1.05亿平方海里的海域将处于沿海国的管辖之下，在这部分海域内，渔业产量占世界总渔获量的94%，蕴藏的石油储量占已探明世界海洋石油总储量的87%。专属经济区虽为沿海国的管辖区域，但并非其领土的组成部分，沿海国对其享有的权利主要限于经济与资源方面,以及与开发和利用经济与资源权利有关的管辖权。

(五) 大陆架 (continental shelf)

根据《海洋法公约》第76条的规定,大陆架是指沿海国的领海以外依其陆地领土的全部自然延伸,扩展到大陆边外缘的海底区域的海床和底土,如果从测算领海宽度的基线量起到大陆边的外缘的距离不到200海里,则扩展到200海里的距离。在大陆边从测算领海宽度的基线量起超过200海里的任何情形下,公约也规定了大陆边外缘的划定方法,并由大陆架界限委员会就有关划定大陆架外部界限的事项向沿海国提出建议,沿海国在这些建议的基础上划定的大陆架界限具有确定性和拘束力。

沿海国为勘探大陆架和开发其自然资源的目的,对大陆架行使主权权利。这种权利是专属性的,如果沿海国不勘探大陆架或开发其自然资源(包括海床和底土的矿物和其他非生物资源,以及属于定居种的生物,即在可捕捞阶段海床上或海床下不能移动或其躯体须与海床或底土保持接触才能移动的生物),任何人未经沿海国明示同意,均不得从事这种活动。沿海国对大陆架的权利也并不取决于有效或象征的占领或任何明文公告(第77条)。沿海国对大陆架的权利不影响上覆水域或水域上空的法律地位(第78条)。所有国家在大陆架上有铺设海底电缆和管道的权利。

(六) 公海 (high seas)

根据1958年《公海公约》第1条的规定,公海是不包括在一国领海或内水内的全部海域。由于1982年《海洋法公约》设立了一些新的海域,所以公海是不包括在国家的专属经济区、领海或内水或群岛国的群岛水域内的全部海域(第86条)。虽然第86条没有提及大陆架和国际海底区域,但它们显然也不属于公海的范围。

公海不属于任何国家的管辖和支配,任何国家不得有效地声称将公海的任何部分置于其主权之下(第89条),公海不属于并且也就远不能属于任何国家的主权，这是公海法律地位的基础，也是公海不同于其他海域的最本质特征。公海自由的原则排除在公海上建立主权，正是因为它的主要目的是为了保证所有国家、不论是不是沿海国家，都享有所谓公海自由，但受法律限制。这一点已经权威性地在《海洋法公约》第87条中作出规定。❶

（七）国际海底区域（international sea-bed area）

国际海底区域是《海洋法公约》新创设的海域，指国家管辖范围以外的海床和洋底，即各国大陆架外部界限以外的整个海底区域，不影响其上覆水域和上空的法律地位。国际海底区域及其资源是人类的共同继承财产（第136、137条）。

（八）用于国际航行的海峡（straits used for international navigation）

严格来说，用于国际航行的海峡并非一个创新独立的海域，《海洋法公约》只是为此类海峡创设了一个新的通过制度——过境通行制，这种通过制度并不影响构成这种海峡的水域的法律地位，也不影响海峡沿岸国在公约规定的限制下对此海峡的水域及其上空、海床和底土行使主权或管辖权（第34条）。

（九）群岛水域（archipelagic waters）

群岛水域是《海洋法公约》新创设的海域，按照公约的规定，群岛国可以划定连接群岛外缘各岛和各干礁的最外缘各点的直线群岛基线，并从群岛基线起向海划出其领海、毗连区、专属经济区和大陆架，群岛基线所包围的水域就是群岛水域（第47条）。群岛国对群岛水域享有主权，且此项主权及于群岛水域的上空、海床和底土，以及其中包含的资源（第49条）。这种主权受到如下限制：一是群岛国应尊重与其他国家间的现有协定，并应承认直接相邻国家在群岛水域某些区域内的传统捕鱼权利和其他合法活动；二是群岛国应尊重其他国家所铺设的通过其水域但不靠岸的现有海底电缆和管道，

---

❶ 詹宁斯，瓦茨.奥本海国际法第二分册[M].王铁崖，等，译.北京：中国大百科全书出版社，1995：39.

并应允许对其进行维修和更换；三是其他国家在群岛水域内享有无害通过权和群岛海道通过权（第51-53条）。

综上，国家主权所及的海域有内水的部分、领海、群岛国的群岛水域；国家享有一定的管辖权、管制权或是主权权利的海域有毗连区、专属经济区、大陆架；国家管辖范围以外的海域有公海和国际海底区域，包括专属经济区以外的水体，即所谓的"公海"，以及在大陆架界限以外、公海水域之下的海床和洋底及其底土，即《海洋法公约》所指定的"区域"。[1]

---

[1] 联合国第59届大会秘书长. 关于海洋和海洋法的报告（增编）. 临时议程项目50（a）d, A/59/62/Add.1, 2004：42.

第二章

公海的航行与管辖

一、公海的法律地位

根据1958年《公海公约》第1条的规定,公海是不包括在一国领海或内水内的全部海域。由于1982年《海洋法公约》设立了一些新的海域,所以公海是不包括在国家的专属经济区、领海或内水或群岛国的群岛水域内的全部海域(第86条)。虽然第86条没有提及大陆架和国际海底区域,但它们显然也不属于公海的范围。

公海不受任何国家的管辖和支配,任何国家不得有效地声称将公海的任何部分置于其主权之下(第89条),公海不属于并且也就永远不能属于任何国家的主权,这是公海法律地位的基础,也是公海不同于其他海域的最本质特征。公海对所有国家开放,不论沿海国还是内陆国,都可以在公约和其他国际法规则所规定的条件下行使公海自由。

在古代罗马,海洋是自由利用和自由航行的,主张所有成员自由、普遍和公开利用海洋。16到17世纪国际社会关于海洋自由和海洋封闭的辩论,其实体现了不同国家的海洋利益。随着商业交往的增加和安全方面的考虑,对海洋的主权管辖主张有所加强,促进了领海概念的发展。而国际贸易和航运的发展又促进了航行自由制度的发展。到19世纪初叶,公海自由的原则已经建立(也有观点认为海洋自由从17世纪便已存在)。[1]

---

[1] 陈德恭. 现代国际海洋法 [M]. 北京:中国社会科学出版社,1988:267.

公海自由原则是公海活动的基本原则，是公海制度的核心和基础。公海自由原则排除在公海上建立主权，正是因为它的主要目的是为了保证所有国家、不论是不是沿海国家，都享有公海自由，但受法律限制。这一点已经权威性地在《海洋法公约》第87条中规定。❶1958年的《公海公约》规定公海对所有国家开放，公海自由有四项：航行自由、捕鱼自由、铺设海底电缆和管道的自由、公海上空飞行自由（第2条）。1982年的《海洋法公约》增加了建造人工岛屿和从事科学研究两项自由（第87条）。

二、公海的航行制度

海洋航行制度是《海洋法公约》贯穿始终的基本制度，形成了无害通过、过境通行、群岛海道通过、航行自由等制度。航行自由是海洋法的一项基本原则，它不仅是早期海洋大国进行海外殖民扩张、建立海权帝国的依托，也是发展中国家对外交流和国际贸易的重要保障，航行自由在国际法中的重要地位不可撼动。航行自由也是公海自由中最主要、最基本的内容。

（一）船舶的国籍和登记

《海洋法公约》第90条规定，每个国家，不论是沿海国还是内陆国，均有权在公海上行驶悬挂其旗帜的船舶。船舶的国籍就是登记国的国籍。《海洋法公约》第92条规定，船舶航行应仅悬挂一国的旗帜，悬挂两国或两国以上旗帜航行并视方便而更换的船舶，对任何其他国家不得主张其中的任一国籍，并可视同为无国籍的船舶，这样的船舶在公海上是不受法律保护的。

船舶登记制度可以追溯至罗马法，盛行于中世纪的意大利城邦之间。在那个时期，船舶登记的内容包括船名、船舶所有人、船舶吨位以及可能导致船舶被没收的欺诈事项。❷船舶登记本质上是一种管理手段，是"国家之手"

---

❶ 詹宁斯，瓦茨. 奥本海国际法第二分册 [M]. 王铁崖, 等, 译. 北京：中国大百科全书出版社，1998：39.

❷ Richard Edward. Ship Registration: Law and Practice [M]. London: Informa Maritime & Transport, 2009: 3.

监管船舶的方式。❶ 目前各国的船舶登记制度主要包括正常登记和开放登记。

1. 正常登记

正常登记要求国家和船舶必须有真正联系。第一个对船舶登记进行规定的是 1958 年《公海公约》，1982 年的《海洋法公约》基本延续了《公海公约》的规定。根据《海洋法公约》第 91 条规定，船舶只有在一国进行登记并悬挂该国的旗帜，才可以在公海上航行。根据每个国家应确定对船舶给予国籍，国家和船舶之间必须有真正联系，船舶在其领土内登记及船舶悬挂该国旗帜的权利的条件，船舶具有其有权悬挂的旗帜所属国家的国籍。每个国家应向其给予悬挂该国旗帜权利的船舶颁发给予该权利的文件。1986 年联合国贸易与发展会议❷在日内瓦通过的《联合国船舶登记条件公约》❸ 在序言及第 1 条中都规定船舶和船旗必须有真正联系。

虽然上述三个公约都要求国家和船舶之间有"真正联系"，但却都没有确切地规定这个术语的意义。大部分学者认为"真正联系"要求该国与该船之间具有切实的联系，并且该国应对该船进行合理有效的监管。而一部分开放登记制度的国家则认为只要达到经济上的真正联系即可，并且认为"真正联系"的缺乏不足以拒绝一个国家授予一船舶国籍。❹

2. 开放登记

开放登记即方便船旗的登记。由于各国国内法对于船舶登记的条件和要求差别很大，有些国内法并不以船舶归本人所有作为船舶登记的条件，这样导致船舶的所有权与经营控制权的国籍之间分离。拥有一国国籍的船舶的所有人可能发现在税捐、劳动法等方面在其他国家登记船舶更为有利，于是将船舶在此有利国进行登记。

"方便旗"可以在功能上定义为："无论基于何种原因，只要在船舶注册

---

❶ 叶洋恋. 船舶登记功能的演变——以英国立法变革为视角 [J]. 世界海运, 2013 (3): 37.
❷ United Nations Conference on Trade and Development (UNCTAD), 联合国大会常设政府间机构, 1964 年成立。
❸ United Nations Convention on Conditions for Registration of Ships, 1986 年 2 月 7 日签订, 尚未生效。
❹ Tana K. Vessel-source marine pollution: the law and politics of international regulation [M], Cambridge: Cambridge University Press, 2006: 47-57.

者认为方便、及时的情况下,允许外国所有或者外国控制的船舶注册的任何国家的船旗。"❶根据英国罗奇代尔(Rochdale)的定义,方便旗船包括以下六个特征:登记国允许船舶的所有者或控制者为非公民;登记程序简单,可以通过境外领事馆办理,且登记对于船舶的转让没有限制;不征或少征船舶税,只按照吨位征收注册费和年费,并给予以后自由税务的保证;在所有可预见的情况下,登记国对于所有登记船舶只有很小的管辖权(但是对于大吨位船舶仅收取少量的费用可能对国民收支产生重大的影响);允许非国民船舶自由配备人员;登记国没有权利也不存在任何实施任何政府和国际法规的机构或者按照自己的意愿来控制船舶公司。❷

方便旗船的登记往往出于政治、经济或技术上的原因。当年我国大陆地区和台湾地区在实现两岸"三通"之前,便是通过方便旗制度实现了两岸船舶航运的局部性交流。技术原因,系指一些国家的船公司,由于本国的船舶登记技术条件比较严格,船舶的技术状况达不到条件,只好寻找登记条件相对宽松的国家登记,船舶悬挂登记国的旗帜。在实践中,绝大多数的方便旗船登记都是为了经济原因,可以节省的有购买船舶进口关税、登记注册的费用、雇佣船员的成本,等等。

早期方便旗船的产生可以追溯到 16 世纪,主要是为了方便国际贸易交往。如英国船东为方便与处于西班牙控制下的西印度群岛进行贸易,经常悬挂西班牙的国旗航行。美国南北战争期间,许多北方商船改到英国登记,挂英国的红色商船旗,以免遭南方武装民船的攻击。第一次世界大战期间,没有商船队的巴拿马,向交战国商船出租国旗,显然这是对双方都有好处之举。在 20 世纪 20 年代,美国政府出台的《禁酒法》规定在美国水域中的所有船舶均不得在船内贩卖酒类饮品,但外国船舶可在美国沿岸 3 海里海域内贩卖酒品。由于《禁酒法》的颁布使得不少船东利益受损,出于经济上的考虑,他们纷纷选择到巴拿马注册国籍,然后作为外国船舶回归美国海域贩卖酒品。

---

❶ Boczekb A. Flags of convenience: an international legal study [M]. Cambridge: Harvard University Press, 1962: 2.

❷ OECD. OECD study on flags of convenience [J]. Journal of Maritime Law and Commerce, 1973 (4): 229.

此后，许多美国船东为了不受美国海事当局对美籍船安全性能与船员工资的种种规定的约束，纷纷转移到巴拿马或洪都拉斯去登记，船东们称之为"必要船旗"（Flags of Necessity），而反对者则称之为"私奔船旗"（Flags of Runaway），最后，方便旗（Flags of Convenience）的名称得到公认，❶一直沿用至今，现代方便旗船由此产生。❷吸引外国船舶到本国来登记，是一项外汇收入可观的业务，因而有"海上银行"的美称。由于利润丰厚，许多发展中国家尤其是小国家纷纷开拓外国船登记业务，争当方便旗国。

目前，世界上的方便旗国有巴拿马、利比里亚、塞浦路斯、索马里、马耳他、新加坡、摩洛哥、塞拉利昂、圣马力诺、哥斯达黎加、洪都拉斯、黎巴嫩等，往往以船舶登记费和年吨税作为主要外汇收入。方便旗制度对方便旗船东具有重要的经济价值，悬挂方便旗的船舶在相关的税费缴纳额、船员劳动成本、安全管理上要比正常在我国登记注册更为节约成本。对于方便旗登记来说，可以收取可观的登记费和税金，弥补其外汇收入的不足。另外，对于有些国家而言，依托方便旗制度可以以一种间接的途径在政治对立僵局之下保持航运往来。

但是方便旗船最大的隐患在于航行安全和对海洋环境的保护。一般来说，航行安全取决于船舶的技术状况，船旗国、船级社、船东都负有相应的责任。其中船旗国承担管理责任及相关法律、法规的制定，船级社负责制定和执行检验标准，船东则肩负着长期维护和管理的重任。但对于方便旗船来说，船旗国的管理几乎可以忽略不计；船级社以及港口国对于船舶的检验又属于即时性的，在时间上只是一个点，因此，船东就成为船舶技术状况的唯一保障。然而，由于各种利益的驱使，船东是很难做到自觉、自律的。正所谓无规矩不成方圆，缺乏监督与管理使方便旗的意义隐含了更多不安全的因素。❸而且一旦发生事故时，在事故调查、责任认定和损害赔偿等方面，方便旗也存在诸多不方便之处。此外，为了节约成本，方便旗船东在船员雇佣和利益保护

---

❶ 顾家骏. 方便旗船队的发展 [J]. 航海科技动态, 1998 (5): 1.
❷ 水上千之. 船舶国籍与方便旗船籍 [M]. 全贤淑, 译, 大连: 大连海事大学出版社, 2000: 122.
❸ 安飞. 方便旗"逆风"飘扬变 [J]. 中国船检, 2002 (12): 38.

方面往往存在诸多问题，向来受到国际运输工人联合会❶和国际劳工组织❷的大力抵制。❸ 传统海运国家和工会组织也竭力呼吁对这些国家进行监管。

针对方便旗存在的诸多弊端，从1974年起，联合国贸易和发展会议先后召开一系列专门会议，讨论方便旗船给世界航运，特别是对发展中国家航运带来的不利影响，并最终决定通过建立船舶与船旗国之间的"真正联系"，在合理时期内逐步取消方便旗船。为实现这一目的，联合国贸发会议于1986年在日内瓦通过了《联合国船舶登记条件公约》，该公约的核心是通过在行政、技术、经济和社会事务等方面建立真正联系，使船旗国对其所属船舶确实施行有效的管辖和控制。这样船舶登记被赋予了国际法上的意义，登记国有权对悬挂本国船旗的船舶行使权力并且保护登记船舶，同时也需要承担国际法上的义务——对船舶的监管。但是截至2018年5月，此公约仍旧没有生效。❹

尽管在建立船舶与登记国之间的真正联系方面遇到了挫折，以巴拿马和利比里亚为首的方便船籍国为了改变自身在海运界的不利地位和不好名声，已经开始采取措施。例如，巴拿马在登记前提高了船舶检验验收的标准，船舶注册后，一旦在港口因为船舶配置或存在安全隐患被滞留，巴拿马海事局将实行罚款制度。如果船舶存在重大安全隐患，巴拿马海事局将通知船东进行修理，三个月之内仍不符合相关标准的，巴拿马将强制船舶出籍。通过这些措施，巴拿马淘汰了很多以前在巴拿马注册的劣质船舶，港口滞留率大幅度下降，逐渐恢复了巴拿马在海运界的名誉和信任度。

总部设在美国的利比里亚登记局，通过最近几年不断的改革，在其船舶的安全管理方面也取得了长足的进步。利比里亚参加了主要的海上安全和环境保护的条约，制定形成了以海事法为核心的法律法规，认可了世界范围内的11家船级社进行法定检验，引进了海员电子应用系统，在网站设计中充分

---

❶ International Transport Workers' Federation (ITF)，1896年成立，总部在英国伦敦。
❷ International Labour Organization (ILO)，1919年成立，总部在瑞士日内瓦。
❸ 侯婉舒. 方便旗船舶管理探析 [J]. 中国水运，2009 (11)：60.
❹ 根据公约第19条第1款的规定，公约在合计吨位达世界总吨位25%的不少于40个国家根据第18条成为缔约国之日起12个月之后生效。目前公约只有15个参加国 [EB/OL]. https://treaties.un.org/pages/ViewDetails.aspx?src=TREATY&mtdsg_no=XII-7&chapter=12&lang=en [2019-12-11].

体现政务公开和信息服务等。作为全球最早实行开放登记的国家，如今的利比里亚海事主管当局以质量、效率、安全和服务而著称，被公认为全球最便捷、高效和税费低廉的登记机关之一。利比里亚船舶登记局位列国际海事组织和主要港口国监督区域性组织"白名单"（如美国海岸警备队、巴黎备忘录和东京备忘录等）。❶

在当前经济低迷、回暖乏力的大环境下，为振兴本国航运经济，以德国、英国、中国为代表的政府积极出台各种免税优惠政策来呼唤本国的方便旗船回归。但在航运不景气的状况下，再加上国际规则严苛给船东带来的成本压力增大，成本控制似乎成了船东们的死穴。因此，在很多本着能省则省原则的船东眼中，方便旗船尽管存在诸多弊端，但对他们而言，其仍旧充满魅力。❷

3. 第二船籍

为了抗衡开放登记带来的冲击，不使本国船舶流失到外国去登记注册，原本实施正常登记的国家开始采取一种变相的方便船籍登记——第二船籍。第二船籍制度，就是一个国家在不改变传统的船舶登记制度情况下，新设的与开放登记制相类似的另外一种与原有制度平行的船舶登记制度。❸

目前，第二船籍制度在运作过程中又因船舶登记注册地的不同而分为两种形式：一是离岸登记制度，即在国家本土之外的某个领地或岛屿建立独立的第二船籍登记机构。这些国家在本土之外的某个地方（一般为属其管辖的海岛）建立第二船籍，法国、荷兰、葡萄牙和英国都建立了自己的海外船籍。而美国也在南太平洋岛国帕劳建立了自己的第二船籍。二是国际船舶登记制度，即在本土开设主要针对本国国际航行船舶的登记处，并实行一套新的登记制度，如日本和丹麦。

第二船籍制度是开放登记制度对世界航运界冲击的产物。方便旗登记对以航运业为国家与主权象征的传统海运强国构成了一定的威胁，为了既能保

---

❶ 侯婉舒. 方便旗船舶管理探析［J］. 中国水运，2009（11）：61.
❷ 胥苗苗. 魅力方便旗［J］. 中国船检，2014（9）：49.
❸ 车太山. 中国实施第二船籍制度相关问题［J］. 世界海运，2010（7）：58.

持一支数量多、标准高的本国籍船队,又能在一定程度上降低船舶成本而设立的。由于第二船籍的船舶悬挂本国国旗,船舶安全标准较高,在货主中有较高的信誉,因此在欧洲海运发达国家中得到普遍推广。❶

4. 中国的船舶登记制度

一直以来,中国都是采用严格的正常船舶登记制度。先后通过的有关法律规定有:1960年交通部颁布的《船舶登记章程》,1986年交通部颁布的《中华人民共和国海船登记规则》(以下简称《海船登记规则》),1994年国务院颁布的《中华人民共和国船舶登记条例》(以下简称《船舶登记条例》)。该条例将船舶所有权和航行权分离,一是其证书一分为二,有关船舶国籍的规定有了实质性的内容;二是设置了一些条件,例如,对境外出资的船舶提出了额度限制(外商出资额不得超过50%);《船舶登记条例》中50%资本额的限制,配备船员的限制,以及船舶不得具有双重国籍的规定;再有,对于船龄和航行区域有了限制,只有登记在中国的船,才能进行中国沿海或中国内水进行航运和作业。不但如此,船舶登记程序非常复杂、严谨。

1994年开始实施的新税制,船舶进口关税达9%,增值税达17%,两项共计税率为船价的27.53%。也就是说,一艘船下来,注册方便旗,全部费用只需要一万到几万美元;而注册中国籍,根据船价的不同,船东交税则高达几十万到几百万美金不等。2010年前在中国大陆经营国际航运业务的船东还需要缴付运费或租金总额3.3%的营业及附加税,而在多数开放登记国或地区,船东的货运或租金收入是全免税的。另外,还要缴纳25%的所得税,这和营业税的情况一样,只有我国征收,而所有船舶开放登记国或地区,对船东的运费和租金收入全部免税,船舶本身仅需缴付"吨税"即可。除此之外,中国还有车船使用税、登记费、检查费,虽然每项数目不大,但是积累的总量确实让船东深感压力。这也成为我国各大航运企业在新造或购买二手船时,选择悬挂方便旗经营的一个重要原因。再者,由于从事国际海运的航运公司在国内融资困难,且得不到优惠,因而普遍在国际资本市场上融资,但在国

---

❶ 全智贤.关于中国设立国际船舶登记制度的深层思考[J].大连海事大学学报(社会科学版),2014(2):33.

外银行贷款订造或购买船舶时，合同却要求必须在其国家进行船舶登记。对一些中小船东而言，由于自身实力原因导致融资困难，无力在国内或国外造船，只能依靠在国外购买老旧二手船来扩张运力，但是由于税收与船龄的严格限制以及审批计划的滞后，使他们不得不将所购船挂方便旗经营，因为这样既方便操作又省钱。

在此背景下，中国船舶登记制度改革迫在眉睫，不断流失的中资船舶让中国感受到了传统船舶登记制度墨守成规的沉重代价。2007年船舶"特案免税"政策开始实施。特案免税登记政策是想通过对某些种类的船舶回国登记免缴关税和进口环节增值税来达到使中资外籍国际航行船舶归籍的目的。它最初设定的实行期限为两年，后来两次延长期限。该政策为符合条件的中国船东实际控制的船舶加入中国国籍提供一系列便利条件，鼓励中资外籍国际航行船舶转为中国籍，悬挂中国国旗航行，对符合条件的船舶回国登记免缴9%关税和17%的进口环节增值税。特案免税政策在上海、天津、大连三个港口实行。

在特案免税政策实施过程中，全国登记40多艘船，本意是多方共赢的一项新的尝试，结果却带些苦涩。不论从吸引外籍船舶的数量规模上还是从对我国航运业的长远影响上来看，特案免税登记政策都未能起到期待的效果，对船舶所有人没有足够的吸引力。究其原因，一方面特案免税登记政策的目的是吸引中资外籍国际航行船舶回归中国国籍，因此受惠的绝大多数是国有大型航运企业的船舶，其他类型的船舶被排除在外，适用面极其狭窄；另一方面，特案免税登记制度着力解决船舶登记中的税赋问题，而我国长期实行的严格登记制度的弊病由来已久，仅仅靠减轻税赋来吸引船舶注册显得杯水车薪，不足以扭转局面。

2011年12月，交通运输部海事局正式批复，将"中国洋山港"作为一个新的船籍港，对注册在洋山保税港区的企业开展保税船舶登记业务，洋山保税港区成为我国第一个可以开展保税船舶登记的区域，成为探索建立国际船舶登记制度迈出的第一步。洋山港保税区船舶登记制度作为一个新的尝试，吸取了特案免税政策的经验教训，除了在保税区船舶可以享受保税或出口退税外，还进行了两项尝试，一是与海关衔接，力求得到海关的支持，另外一个就是设计出一个相应的流程或制度，这都是为提升船舶登记的速度做准备。第一艘洋山港籍船"冠海朝阳"轮于2011年6月27日申请保税登记，整个步骤花了近15天的时间就接近完成。但是，最后却卡在了办理海关口岸手续之前需要国际性运输船舶备案证明书这一环节，因此"冠海朝阳"轮直到11月7日才办完全部手续。之后外界传言，洋山港办理船舶登记需要2个多月的时间。事实上，浦海航运有4艘集装箱船转回洋山港进行船舶登记，第一艘"向珠"号办理登记花费了13天的时间，其中包括"五一"三天假期以及一个周末的时间，实际上只用了7个工作日。但是不得不承认，与新加坡、香港的2个小时完成相比，还存在不少差距。

2013年5月，天津东疆保税港区对保税港区内的船舶登记制度进行了探索，经过反复研究形成了《天津东疆保税港区国际船舶登记制度创新试点方案》，并于2013年9月得到交通运输部的批复。❶ 天津东疆保税港区成为我国"国际船舶登记制度"的第一个试点，该试点方案对船舶登记制度的改革集中在以下四个方面：一是突破了中资控股的股权比例，改变了之前严格船舶登记制度下对于中外资比例的限制，有利于吸引投资，并且间接地为航运企业拓宽了融资渠道；二是延长了对船龄的要求，这有利于降低航运企业的运营成本，有利于改进管理方式并提高管理水平；三是突破了雇佣外籍船员的限制，除了主要岗位仍然要求是中籍船员之外，其他岗位均允许一定比例的外籍船员存在，降低了船东的劳动力成本；四是增加了船舶登记种类，将船舶融资租赁登记明确纳入登记种类，为船舶融资租赁产业的发展开辟了道路。

有专家认为，洋山港保税船舶登记和天津东疆保税船舶登记只是免掉了进口税和增值税，真正要中资外旗船回归，至少还要做到：免除所得税、改车船税为吨税、修改海商法中关于保险和抵押的相关条款、全面改善现有的船舶登记制度等，否则，洋山和东疆的制度，跟当年的特案免税试点没有太

---

❶ 交通运输部关于天津东疆保税港区国际船舶登记制度创新试点方案的复函［EB/OL］. http://www.dongjiang.gov.cn/html/tcj/tzzc22855/2015-08-10/detail_622833.htm［2018-12-12］.

多区别。不但如此，还需要探索中国实施"第二船籍"政策的制约因素与可行性。❶

2014年1月，《中国（上海）自由贸易试验区国际船舶登记制度试点方案》正式获得交通运输部批复同意。根据该方案，自贸区国际船舶登记制度主要有五个方面的新变化：在登记主体方面，自贸区国际船舶登记制度放宽了登记船舶所属法人注册资本中的外资比例限制，外商投资比例可以高于50%；在船龄方面，国际船舶登记制度下的船舶船龄可以在现行船龄标准基础上放宽两年；在外籍船员雇佣方面，基本放开了对外籍船员的限制，原来雇佣外籍船员需要由交通运输部审批，现在只需向上海海事局报备即可；在船籍港方面，设置两个船籍港，如果船舶处于保税状态，则登记为"中国洋山港"，如船舶处于完税状态，则登记为"中国上海"，两个船籍港均享受国际船舶登记制度的各项政策便利；在登记种类方面，充分考虑社会经济发展实际需求，在现有登记种类的基础上增加船舶融资租赁登记，并可结合自贸区实际情况，适当增设必要的登记种类。之后，我国又陆续批准设立了厦门、福州、平潭、前海、深圳、广东南沙等国际船舶登记船籍港。

2016年交通运输部通过了《中华人民共和国船舶登记办法》（以下简称《船舶登记办法》），自2017年2月10日起施行。主要内容包括：（1）扩大了船舶登记适用范围。主要有三类，第一类是外商出资额超过50%的中国企业法人所有的趸船、浮船坞，但这些船舶仅供本企业内部生产使用，不从事水路运输经营；第二类是在自贸区注册的企业法人所有或者光船租赁的船舶；第三类是社团法人和其他组织所有或者光船租赁的船舶。（2）增加了船舶船籍港选择权。从方便航运企业运营、节约登记时间和提高海事监管效率的角度出发，增加了两种船籍港的选择：企业法人分支机构可以在分支机构营业所所在地就近选择船籍港；融资租赁的船舶，可以由租赁双方约定在出租人或者承租人住所地就近选择船籍港。（3）规范了登记程序和审查要求。之前的《船舶登记条例》要求对所有权登记申请进行审查核实，而《船舶登记办

---

❶ 邢丹. 中国船舶登记制度之变［J］. 中国船检，2013（11）：19.

法》进一步明确了审查核实的具体内容,并要求船舶登记机关收到船舶登记申请材料后,应当审查申请材料是否齐全、申请材料是否符合法定形式、申请书内容与所附材料是否一致、核实申请材料是否为原件或者与原件一致,同时列明了船舶登记机关不予登记的情形。对审查要求和不予登记情形的明确,避免了船舶登记各方可能产生的认识上的误解,减少了纠纷和诉讼的发生,也有利于保护第三人的合法权益。(4) 明确了申请材料、登记办理要求。船舶登记包括船舶所有权登记、船舶国籍、船舶抵押权登记、光船租赁登记、船舶烟囱标志和公司旗登记等。《船舶登记办法》对各类登记事项需要提交的申请材料和办理要求均做了规定。航运企业可按照规定的"菜单"预先准备材料,避免事后补充材料耽误办证时间,而登记机关也可以"对单"审查,减少和规范登记机关的自由裁量权。

(二) 国家对公海航行船舶的义务

《海洋法公约》第94条规定了船旗国义务,每个国家应对悬挂该国旗帜的船舶有效地行使行政、技术及社会事项上的管辖和控制。

1. 船舶的适航性

船旗国应采取措施以保障其船舶的构造、装备和适航条件。具体来说,各国应采取措施,保证其领土内登记的船舶在登记前或登记后的适当时期,受合格的船舶检验人的检查,并在船上备有船舶安全航行所需要的海图、航海出版物以及航行装备和仪器,以使其适合在公海上航行。

2. 船长和船员的配备

船旗国应注意到其船舶人员的配备、船员的劳动条件和训练,同时应考虑到适用的国际文件中规定的,每艘船舶都由具备适当资格、特别是具备航海术、航行、通信和海洋工程方面资格的船长和高级船员负责,而且船员的资格和人数与船舶种类、大小、机械和装备都是相称的。

3. 防止碰撞

船旗国要在船舶信号的使用、通信的维持和碰撞的防止方面采取必要措施,其中包括保证其船舶的"船长、高级船员和在适当范围内的船员,充分熟悉并须遵守关于海上生命安全、防止碰撞、减少和控制海洋污染以及维护无线电通信所适用的国际规章"。

为了保障公海上的航行自由,必须制定有关航行的规则,采取必要的措施,及时预防并妥善处理海上事故,以保证海上航行安全。《1972年国际海上避碰规则公约》❶通过,有利于确保船舶航行安全,预防和减少碰撞,确立了在公海和连接于公海的一切通航水域共同遵守的海上交通规则。

4. 海上救助

在公海上,由于碰撞、触礁、风浪或其他不可抗力的原因,发生航行事故是难免的。从国际人道主义出发,每个国家和有关人员都应对在事故中的遇难者予以救助。《海洋法公约》第98条"救助的义务"第1款规定,每个国家应责成悬挂该国旗帜航行的船舶的船长,在不严重危及其船舶、船员或乘客的情况下:(a)救助在海上遇到的任何有生命危险的人;(b)如果得悉有遇难者需要救助的情形,在可以合理地期待其采取救助行动时,尽速前往拯救;(c)在碰撞后,对另一船舶、其船员和乘客给予救助,并在可能情况下,将自己船舶的名称、船籍港和将停泊的最近港口通知另一船舶。

此外,为了安全地利用公海,建立有效的搜寻和救助服务点是非常必要的。《海洋法公约》第98条第2款规定,每个沿海国应促进有关海上和上空安全的足敷应用和有效地搜寻和救助服务的建立、经营和维持,并应在情况需要时为此目的通过相互的区域性安排与邻国合作。此外,1974年《国际海上人命安全公约》、1979年《国际搜寻救助公约》对于国家的搜救责任、搜救活动的协调及建立世界性的海难救助体制作出了更为详细具体的规定。

(三) 内陆国的公海航行问题

《海洋法公约》第124条规定,内陆国是没有海岸的国家。根据1921年在巴塞罗那签署的《过境自由公约和规约》规定,内陆国在公海上的航行自

---

❶ Convention on the International Regulations for Preventing Collisions at Sea (COLREGs),1972年10月20日通过,1977年7月15日生效。

由需要通过毗邻的沿海国自由过境出入海，在影响到该国的安全或影响到该国利益时，才能限制这种过境自由，这个公约便利了内陆国家的一般过境，特别是打开了欧洲内陆国家通向海洋的必要通道。1921年同样在巴塞罗那签署了《承认无海岸国家船旗的宣言》，规定无海岸国家的船舶，如在该国领土内某些特定地方登记，其所悬挂的船旗将被承认，该地方即作为上述船舶的登记港。内陆国的船舶在沿海国登记注册，并悬挂登记国的旗帜在公海上航行。

1958年《公海公约》第4条规定，每个国家，不论是否是沿海国，悬挂其旗帜的船舶均有权在公海上航行。1958年《领海与毗连区公约》第14条也规定，所有国家，不论其是否是沿海国，其船舶均享有无害通过领海的权利。

1982年《海洋法公约》第十部分专门就"内陆国出入海洋的权利和过境自由"❶做了规定。内陆国应享有利用一切运输工具通过过境国领土的过境自由，悬挂内陆国旗帜的船舶在海港内应享有其他外国船舶所享有的同等待遇。过境运输应无须缴纳任何关税、税捐或其他费用，但为此类运输提供特定服务而征收的费用除外。行使过境自由的条件和方式，应由内陆国和有关过境国通过双边、分区域或区域协定予以议定，不适用最惠国条款。过境国在对其领土行使完全主权时，应有权采取一切必要措施，以确保为内陆国所规定的各项权利和便利绝不侵害其合法利益。

三、公海上的管辖权

公海不属于任何国家的管辖范围，但不意味着公海上没有管辖权的行使。公海上的管辖权主要是对公海上的船舶的管辖，而船上所载的人和物则被视为与船舶构成一个整体。

（一）船旗国的管辖权

船旗国管辖是公海管辖的基础和原则，是指各国对于在其领土内登记并

---

❶ 1982年《海洋法公约》第124~132条。

取得该国国籍的船舶以及船舶上的一切人、物、事进行的管辖。除国际条约明文规定的例外情形，船舶在公海上应受船旗国的专属管辖。❶

遇有船舶在公海上碰撞或任何其他航行事故涉及船长或任何其他为船舶服务的人员的刑事或纪律责任时，对此种人员的任何刑事诉讼或纪律程序，仅可向船旗国或此种人员所属国的司法或行政当局提出。船旗国当局以外的任何当局，即使作为一种调查措施，也不应命令逮捕或扣留船舶。❷

军舰和由一国所有或经营并专用于政府非商业性服务的船舶在公海上享有不受船旗国以外任何其他国家管辖的完全豁免权。❸ 根据《海洋法公约》第29条的规定，军舰是指属于一国武装部队、具备辨别军舰国籍的外部标志、由该国政府正式委任并名列相应的现役名册或类似名册的军官指挥和配备有服从正规武装部队纪律的船员的船舶。军舰和政府非商业性服务的船舶在国际法中享有豁免权，不受外国的刑事和民事管辖，免受海关和边防检查，不得被登临搜查或拿捕。

(二) 其他国家的管辖权

除船旗国的管辖外，其他国家可以为了打击公海上的违法犯罪或是维护本国的海洋权益对外国船舶进行管辖。

1. 打击公海的违法犯罪行为——登临权

为了维护公海上的安全和正常秩序，打击公海上的违法犯罪，《海洋法公约》赋予各国军舰以登临权，即靠近和登上被合理认为犯有违反国际法行为嫌疑的商船进行检查的权利。按照《海洋法公约》第110条的规定，登临权的行使应符合下列条件：

(1) 登临权的行使由军舰或军用飞机、经正式授权并有清楚标志可以识别的为政府服务的任何其他船舶或飞机行使。

(2) 被登临的船应该是商船，军舰和非商业性目的的政府船舶在公海上

---

❶ 1982年《海洋法公约》第92条。
❷ 1982年《海洋法公约》第97条。
❸ 1982年《海洋法公约》第95、96条。

只受船旗国的专属管辖,享有外国管辖的豁免权。

(3) 有合理根据认为有下列嫌疑,才能登临:(a) 该船从事海盗行为;(b) 该船从事奴隶贩卖;(c) 该船从事未经许可的广播而且军舰的船旗国有管辖权;(d) 该船没有国籍;(e) 该船虽悬挂外国旗帜或拒不展示其旗帜,而事实上却与该军舰属同一国籍。

(4) 检查须尽量审慎进行。如果嫌疑经证明为无根据,被登临的船舶并未从事嫌疑的任何行为,对该船舶可能遭受的任何损失或损害应予赔偿。

《海洋法公约》第99-109条要求所有国家进行合作,以制止和惩治在公海上发生的贩运奴隶、海盗行为、麻醉药品或精神调理物质的非法贩运、在公海从事未经许可的广播等违反国际法的行为。

"海盗行为"是指私人船舶或飞机的船员、机组人员或乘客为私人目的,在公海上对另一船舶或飞机或其上的人或财物,或者是在任何国家管辖范围以外的地方对船舶、飞机、人或财物所从事的任何非法的暴力、扣留或掠夺行为;明知船舶或飞机成为海盗船舶或飞机的事实,而自愿参加其活动的任何行为以及教唆或故意便利前述行为的行为也构成海盗行为;军舰、政府船舶或政府飞机由于其船员或机组成员发生叛变并控制该船舶或飞机而从事前述海盗行为的,视同私人船舶或飞机所从事的行为。

《海洋法公约》规定所有国家应尽最大可能进行合作,以制止在公海上或在任何国家管辖范围以外的任何其他地方的海盗行为。在公海上或在任何国家管辖范围以外的地方,每个国家均可扣押海盗船舶或飞机或为海盗所夺取并在海盗控制之下的船舶或飞机,可以逮捕船上或机上人员并扣押船上或机上财物。扣押国的法院可判定应处的刑罚,并可决定对船舶、飞机或财产所应采取的行动,但受善意第三者的权利的限制。由于发生海盗行为而进行的扣押,只可由军舰、军用飞机或其他有清楚标志可以识别的为政府服务并经授权扣押的船舶或飞机实施。如果扣押涉有海盗行为嫌疑的船舶或飞机并无足够的理由,扣押国应向船舶或飞机所属的国家负担因扣押而造成的任何损失或损害的赔偿责任。

"未经许可的广播"是指船舶或设施违反国际规章在公海上播送旨在使公

众收听或收看的无线电传音或电视广播,但遇难呼号的播送除外。所有国家应进行合作,以制止从公海从事未经许可的广播。对于在公海从事未经许可的广播的任何人,均可向下列国家的法院起诉:(1)船旗国;(2)设施登记国;(3)广播人所属国;(4)可以收到这种广播的任何国家;(5)得到许可的无线电通信受到干扰的任何国家。这些国家可逮捕从事未经许可的广播的任何人或船舶,并扣押广播器材。

2. 维护本国海洋权益——紧追权

按照《海洋法公约》第111条的规定,沿海国主管有充分理由认为外国船舶违反该国法律和规章时,可对该外国船舶进行紧追。紧追权的行使要符合下列条件:

(1)须在外国船舶或其小艇之一在追逐国的内水、群岛水域、领海或毗连区内时开始,而且只有追逐未曾中断,才可在领海或毗连区外继续进行。对于在毗连区、专属经济区内或在大陆架上,包括大陆架上设施周围的安全地带内,违反沿海国设立这些区域所保护的权利遭到侵犯的情形下,沿海国才可对外国船舶行使紧追权。

(2)紧追权只可由军舰、军用飞机或其他有清楚标志可以识别的为政府服务并经授权紧追的船舶或飞机行使。

(3)追逐只有在外国船舶视听所及的距离内发出视觉或听觉的停驶信号后,才可开始。

(4)紧追权在被追逐的船舶进入其本国领海或第三国领海时立即终止。

(5)在无正当理由行使紧追权的情况下,在领海以外被命令停驶或被逮捕的船舶,对于可能因此遭受的任何损失或损害应获赔偿。

习惯法要求在追逐过程中应尽量避免使用武力,当使用武力不可避免时,应符合合理和成比例的标准,并考虑人道主义的需求。如果紧追不符合上述要求,则可能引发沿海国的国家责任。

四、公海自由和公海安全问题

海洋航行自由是海洋法的一项基本原则,从格老秀斯正式提出到第三次海洋法会议确立新的航行格局，几个世纪以来，航行自由在内容上变得更加丰富，在形式上也变得更加多元化。它不仅是早期海洋大国进行海外殖民扩张、建立海权帝国的依托，也是发展中国家对外交流和国际贸易的重要保障。公海不属于任何国家管辖和支配，这种特殊的法律地位决定了在公海中行使航行权要较国家管辖水域相比更为"自由"，船舶的海上航行主要受船旗国的专属管辖，其他国家在一般情况下不得干预。但这种自由也不是绝对的，近年来海洋法的新发展使得公海航行自由在"量"和"质"上都受到压缩。❶

首先，专属经济区制度的设立缩小了行使公海航行自由的空间范围。专属经济区的建立使得36%的海域都划入沿海国的管辖水域，逐步形成了独立于公海航行自由的一种特殊的航行自由制度。国际海底区域制度是《海洋法公约》创设的一项新制度，"区域"制度设立后，约2.517亿平方公里的海底区域从原来的公海制度中剥离出来，单独予以管理。与公海制度中的公海自由原则不同，"区域"及其资源是人类的共同继承财产，各国在"区域"上覆水域的航行活动应当适当顾及"区域"中的勘探和开发活动。

其次，为了应对公海日益严重的安全威胁，包括对船舶航行、海洋环境以及反恐行动等构成的威胁，国际社会已经对公海航行自由进行了"质"的收缩。例如，国际海事组织近年来制定了一整套关于海上航行的规则。这些规则可以分为四类：关于船舶结构、设备和适航条件的规则、防止船源污染的规则、海上避碰规则以及海上救助规则。在船舶结构、设备和适航条件方面，代表性规则是1974年的《国际海上人命安全公约》及其议定书以及1996年《国际载重线公约》。这些规则对船旗国在船舶检验、船舶构造、航行安全、装置设备、证书发放等方面的国际义务作出了详细规定。防止船源污染的国际规则主要是1973年《国际防止船舶造成污染公约》及其1978年议定书（即MAPOL73/78），明确了船舶污染物的排放标准以及船旗国进行检验和发放"国际防止油污证书"（IOPP证书）的义务；还规定，港口国有权检查该证书，如果证书和设备不符合要求，或船舶违反排污标准，港口国有权留置该船舶。《国际海上避碰规则》从安全航速、分道通航制、警告信号等方面

---

❶ 张小奕. 试论航行自由的历史演进 [J]. 国际法研究，2014（4）：31.

详细规定了船舶航行必须遵从的安全条件。《1910年救助公约》明确了航行中的船舶对处于危险的人命及船上财物进行救助的国际义务，对于遇难的船只，船上任何财物、货物和客货运费等，无论发生在何种水域，都应进行救助。

"9.11事件"后，由于担心恐怖分子可能通过海运获取生、化、核武器等大规模杀伤性武器或其技术或材料，美国发起了"防扩散安全倡议"（Proliferation Security Initiative），一方面加紧步伐与其他国家签订双边《登临协议》，另一方面则努力推进现有国际条约的修订，扩大对海上扩散活动的登临权限，从而将这种扩张囊括在"条约授权的干涉行为"的合法事由之内，其成果就是《制止危及海上航行安全非法行为公约》的2005年议定书❶，其中将使用船只作为恐怖活动的工具或平台、运送可疑物品或生物、化学及核武器的行为列入了海上非法行为的范畴，成为外国军舰行使登临权的事由。并对登临程序作出规定，特别是，如果船旗国在确认船籍请求收悉后4小时内没有做出回应，则可以视为同意授权，请求国便有权采取登临、检查、搜查甚至扣留等强制措施。这种"推定同意"的程序设置是对公海船旗国专属管辖的妥协，也为海洋大国干涉公海航行自由埋下了伏笔。船舶的航行应当根据其所处海域对号入座，履行程度不同的国际义务，只有这样，海上航行才能井然有序，海上航行才能实现真正的、平等的自由。

---

❶ The 2005 Protocol to the Convention for the Suppression of Unlawful Acts against the Safety of Maritime Navigaiton，2005年10月14日通过，2010年7月28日生效。

第三章

公海生物资源的养护和管理

/第三章/ 公海生物资源的养护和管理

公海生物资源的养护和管理问题既为沿海国所关注,也为远洋捕鱼国所重视,特别是对于那些既出现在专属经济区内而又出现在专属经济区外但与专属经济区邻接的区域内的种群,如高度洄游鱼种、溯河产卵种群、降河产卵种群,以及海洋哺乳动物资源的养护和管理,不仅涉及各国在公海的渔业利益,而且也涉及沿海国在其专属经济区内的资源养护和管理。

一、保护、保全与养护的概念辨析

涉及海洋环境和生物保护时,经常使用保护(protection)、保全(preservation)和养护(conservation)这三个术语。

这三个术语中,"保护"一词是最常用的,《元照英美法律词典》的解释是"保护、保障、庇护"。❶ 在环境法学者们看来,保护一词,暗示着对弱势的保护。保全的原意是"为了狩猎或渔业的私人用途,保持和维护如鱼类等为狩猎或捕鱼留出的保护和繁育地"。❷《元照英美法律词典》将保全解释为"为保护野生动物、树木等自然资源而划定的区域,特别是指为管理狩猎或捕鱼活动而划定的保护区"。保全暗示着对防止失去的主体采取的持久措施,但与养护不同,对主体的管理涉及较少。"养护"《元照英美法律词典》的解释为:"1. 保护;(对环境资源等的)保护;管理;良性使用;2. 森林(或其

---

❶ 薛波. 元照英美法律词典 [M]. 北京:法律出版社,2003:1110.
❷ 刘丹. 海洋生物资源保护的国际法 [M]. 上海:上海人民出版社,2012:23.

他自然资源）保护区。"养护的内涵比保护要狭窄，一般用在生物资源领域，基于生物资源的现状，要求对资源持续性存在条件的维护。

这三个术语从词源上来看是有区别的。保护相对其他两个用语是广义的保护，也是传统意义上的保护，保护可视为对有害活动的克制以及采取措施防止损害的发生。养护意味着对资源加以保护性的利用，主要用于对野生生物、水、空气和土壤等自然资源的利用和管理，养护在强调对自然资源进行保护的同时，并不讳言对资源进行利用的目的，经济因素往往在决定养护措施时起决定性的作用。保全的考虑因素并不侧重于经济因素，考虑到许多大自然尚未开发的地方因为人类活动而消失，保全更强调对地球上目前人类尚未触及的地方进行原状保护。

二、公海渔业的有关条约

公海捕鱼自由，是指在国际法的限制下，任何国家或其国民都有权在公海上自由捕鱼，而不受其他国家的阻碍，也就是说，公海上的渔业是对一切国家开放的。❶ 1958年《捕鱼与养护公海生物资源公约》第1条和1982年《海洋法公约》第116条都规定，所有国家均有权任其国民在公海上捕鱼的权利。这里所说的"国民"，根据上述1958年公约第14条的规定，是指根据有关国家的法律属于该国的各种大小渔船，而不问其船员所属的国籍。

在很长的时期内，世界多数的渔获总量都是在近海内捕捞的，由于领海的范围并不宽，所以相当大的捕鱼区是公海的范围。到了20世纪70年代，由于过度捕捞，许多国家开始宣布设立200海里的经济区或渔区，禁止外国船舶进入捕捞，一些海洋大国开始转向深海大洋，发展深水捕鱼作业。

但是，海洋渔业资源并非取之不尽、用之不竭的。由于先进的捕鱼技术和方法，以及具有捕鱼、加工、储藏、运输等功能的工厂船的建立，海洋大国的船队可以在世界上各个海区进行捕捞作业，某些海洋生物包括鱼类的数量骤减或濒临灭绝，如不采取相应措施，后果将不堪设想。由于海洋生物的洄游特征，一个国家不可能做到对海洋生物资源的完全管理，国家之间的合

---

❶ 魏敏. 海洋法 [M]. 北京：法律出版社，1986：199.

作是保证有效管理的基础,❶ 这种合作主要通过条约和渔业机构来进行,同时构成了对于公海渔业自由的限制。

(一) 早期的区域性和专门性条约

1882年,英、法、德、荷兰、比利时、丹麦六国签订了《北海渔业公约》❷,对于领海之外的渔业政策作出了规定,其主要目的是在北海设立渔业警察,规定渔船登记、号码及船旗港、渔船文书、下锚、播网、渔具捞救等;对犯规渔船,本国保留惩罚管辖权。❸

1911年,美、英、俄、日四国签订了《北太平洋海豹保全和养护公约》❹,开始禁止捕捞海豹,土著阿留申人可以通过传统方式为非商业目的进行捕捞。美国、俄国、日本的巡逻船被授予执行协定的权力,但被发现的违法船只将交给船旗国的主管当局,船旗国才有权对违反公约的船舶进行审判和处罚。同时,该公约也建立了一套赔偿制度,由于禁捕海豹而遭受损失的国家将获得适当的补偿。由于该公约的实施,北太平洋的海豹数量呈稳定增长趋势。美国普里比洛夫群岛上栖息的海豹数量从1911年的123600头增至1939年的2338312头,而生育期的雌海豹数量从1928年的284725头猛增至1939年的663634头。1940年10月,日本政府通知公约的缔约各方,日本准备退出该公约。日本政府认为:海豹数量的增加对日本渔业造成了直接或间接的损害,因为海豹的主要食物是日本渔民捕猎的主要鱼种。由于日本的退出,1941年10月23日《海豹保全和养护公约》终止。由此可以看出,海洋生物保护的规则与环境保护的其他方面一样,需要做好保护与发展的协调与平衡。

1918年美国和加拿大两国之间召开了渔业会议,后来就会议讨论的问题整

---

❶ 刘小兵,孙海文. 国际渔业管理现状和趋势(一)[J]. 中国水产,2008(10):30.
❷ International Convention for Regulating the Police of the North Sea Fisheries outside Territorial Waters, 1882年5月6日通过,1884年5月15日生效,1976年9月26日失效。
❸ 慕亚平. 从"公海捕鱼自由"原则的演变看海洋渔业管理制度的发展趋势[J]. 中国海洋法学评论,2005(1):69.
❹ Convention Between the United States, Great Britain, Russia and Japan for the Reservation and Protection of Fur Seals, 1911年2月7日通过,1911年12月15日生效。

理成《1918年美加渔业会议报告》(Report of the American-Canadian Fisheries Conference, 1918),并于1920年7月26日公开发表。在此会议报告的基础上,两国签订了《保护大比目鱼条约》❶和《美加保护、保存和繁殖弗雷泽河流域红大马哈鱼渔业资源公约》❷。美加两国还成立了"国际太平洋大马哈鱼渔业委员会"❸,对大马哈鱼的开发和捕捞进行管理。

该公约所规定的一套管理鳙鲽❹渔业的制度,均由缔约双方政府负责监督执行。缔约双方政府的授权官员有权逮捕或扣留违反规定在公海上从事鳙鲽渔业的美国或加拿大的公民或船舶。与其他许多早期的渔业协定一样,对违规者的处罚权交给了船旗国。为了防止非缔约国的渔船不遵守公约所确立的制度,美国和加拿大都通过国内立法,禁止任何违反公约规定的养护措施的非公约成员方的船舶、公民进入两国的领水和港口。由于该公约确立了一套科学的管理制度,并在常设的国际渔业委员会内又有研究和处理管理问题的具体措施,北太平洋的鳙鲽渔业资源逐步恢复。

1946年签订的《国际捕鲸管制公约》是目前世界对捕鲸进行管制的重要公约,公约的主要目的是开发利用鲸资源,而不是为了养护鲸。但由于鲸的数量急剧减少,而且许多不再捕鲸的国家甚至从未捕鲸的国家成为公约的成员方,人们关于捕鲸这个商业活动的观念发生了根本变化,公约设立了限制捕鲸的机构——国际捕鲸委员会。公约后来的发展使其逐步建立了严格的保护性体制,但由此引来一些坚持捕鲸国家如日本、冰岛转而援用公约关于科学研究的例外规定继续从事捕鲸作业;冰岛还在1996年国际捕鲸管制委员会拒绝了对有商业价值的鲸的捕捞实施延缓期的要求后退出了该委员会。《国际捕鲸管制公约》的困境在一定程度上反映了国际环境法面临的问题。

综上,早期的海洋生物资源的养护和管理主要集中在渔业资源上,是伴随着对于"公海捕鱼自由"的限制而发展起来的,这些区域性、专业性的渔

---

❶ Convention for the Preservation of the Halibut Fishery, 1923年3月2日通过。
❷ Convention between the United States of America and Canada for the Protection, Preservation and Extension of the Sockeye Salmon Fisheries of the Fraser River System, 1930年5月26日通过。
❸ International Pacific Salmon Fisheries Commission, 1937年成立, 1985年被The Pacific Salmon Commission 替代。
❹ 比目鱼的一种,底栖鱼,生长慢,经济价值高。

业协定与合作为后来的海洋生物养护与管理奠定了良好的基础。

（二）全球性条约的出现与发展

世界范围内对于公海捕鱼和生物资源养护进行规范的条约，始于1958年的《公海公约》和《捕鱼及养护公海生物资源公约》。《公海公约》第2条在规定公海自由的同时，规定所有国家行使这些自由以及国际法的一般原则所承认的其他自由时，都应适当顾及其他国家行使公海自由的利益。该条款首次使用了"适当顾及"，标志着对于传统的公海自由包括捕鱼自由开始作出限制。《捕鱼及养护公海生物资源公约》是第一个真正意义上对海洋生物资源进行养护的全球性公约，对"公海捕鱼自由"原则由"绝对"转向"相对"具有标志性的意义。❶ 公约第1条就规定各国均有义务为本国国民自行或与他国合作采行养护公海生物资源之必要措施，并列出了对公海捕鱼自由的三点限制："所有国家均有权由其国民在公海上捕鱼，但受下列限制：（1）其条约义务；（2）沿海国按照本公约规定的利益和权利；（3）关于养护公海生物资源的各项规则。"公约第2~12条就"养护公海生物资源"的概念、敦促不同的渔业利益相关国（包括沿海国）进行公海渔业养护、沿海国对邻接其领海的渔业养护措施、争端解决等关键问题作了规定。

1982年《海洋法公约》也就海洋生物资源的养护和管理作了详细规定，《海洋法公约》承认公海捕鱼自由，规定所有国家均有权由其国民在公海上捕鱼，但也受一些限制：条约义务的限制；第63~67条规定的沿海国的权利、义务和利益的限制；以及公海公约生物资源养护和管理的制度限制（第116条）。根据公约的这些规定，国家必须采取措施使其国民养护公海内的生物资源（第117条），国家为了养护和管理它们的资源有责任互相合作，这种情况下，可能需要区域性渔业组织的建立（第118条）。公约规定养护的措施应根据最可靠的科学证据在考虑有关环境因素和经济因素的条件下，使捕捞鱼种的数量维持在或恢复到能够生产最高持续产量的水平。传统的公海捕鱼自由

---

❶ 慕亚平. 从"公海捕鱼自由"原则的演变看海洋渔业管理制度的发展趋势［J］. 中国海洋法学评论，2005（1）：70.

在日内瓦公约中被列在第二位,而在《海洋法公约》中则被列在了第五位(第87条)。为了确保跨界鱼类种群和高度洄游鱼类种群的长期养护和可持续利用,1995年联合国推动缔结了《执行1982年12月10日〈联合国海洋法公约〉有关养护和管理跨界鱼类种群和高度洄游鱼类种群的规定的协定》(《跨界鱼类协定》)。协定旨在改善国际合作,通过预防的方法使捕鱼不超过可承受的水平。针对捕鱼国不对其国民的捕鱼行为进行真正控制的情况,协定试图促进沿海国和远洋船旗国之间进行更密切的合作。沿海国和在公海上进行捕鱼的国家必须采取必要措施以保障跨界鱼类种群和高度洄游鱼类种群长期的可持续发展,并努力达到对它们的最有利利用的目标(第5条),这意味着沿海国和船旗国必须合作以采取一致的养护和管理措施,如对某些特定种类只进行有限的捕捞(第7条)。该协定规定的执行机制是为管理公海捕鱼所采取的重要步骤之一。次区域或者区域性渔业组织的缔约国可以为了保障遵守该组织规定的养护和管理措施的目的,登临船舶进行检查。这是一个新的维持公海秩序的措施,所有国家都必须遵守区域或次区域的规定。❶ 此外,协定还就国际合作机制、非成员和非参与方、船旗国义务、遵守和执法、发展中国家的需要及和平解决争端等事项作出规定。

三、公海渔业的养护和管理

(一)公海渔业养护和管理的文件和组织

联合国粮农组织是联合国的专门机构,通过其下设渔业委员会(COFI)以及相关的鱼品贸易和水产养殖部两个分委员会,在国际渔业政策方面发挥着主导作用,与各国政府、区域渔业机构、合作社、渔业社区等众多伙伴进行合作,目的在于可持续和负责任地发展内陆和海洋渔业及水产养殖业的政策和战略。COFI是全球研究重大渔业和水产养殖问题的唯一政府间论坛,定期向全世界各国政府、区域渔业机构、非政府组织、渔工、粮农组

---

❶ 那力. 国际环境法 [M]. 北京:科学出版社,2005:110.

织和国际社会提出建议，同时也是一个用作谈判全球协定和无拘束力文件的论坛。❶

在海洋生物资源的养护与管理方面，联合国粮农组织1993年通过了《促进公海渔船遵守国际养护和管理措施的协定》(《公海渔船遵守协定》)❷，协定在船旗国责任、信息交流与合作等方面建立了公海渔业管理的法律制度，这一协定旨在加强船旗国对其有权悬挂其国旗并在公海捕鱼的渔船的责任，以确保这些渔船遵守国际养护和管理措施。1995年通过了《负责任渔业行为守则》❸（以下简称《守则》），要求各国从事捕捞、养殖、加工、运销、国际贸易和渔业科学研究等活动，应承担其责任的准则要求。《守则》是自愿遵守的，但是《守则》的某些部分以有关的国际法规为基础，其中包括1982年《联合国海洋法公约》所反映的那些法规。《守则》还包括了通过缔约方之间的其他有约束力的法律文件可能具有或已经具有约束力的某些条款，例如，1993年《公海渔船遵守协定》。按照粮农组织大会第15/93号决议第3段，该协定是《守则》的一个组成部分。❹ 1995年联合国粮农组织建立了载有渔船登记、授权状况和违规情况资料的"公海渔船批准记录"。一些缔约国通过国家立法（美国）和管理政策（欧盟）履行《公海渔船遵守协定》。美国《公海捕鱼遵守措施法》要求所有悬挂美国国旗并有意在公海捕鱼的渔船需获得捕鱼许可证。这种许可证要求，经批准的捕捞活动必须符合区域渔业管理组织对美国具有约束力或得到美国承认的各项国际养护管理措施。❺

为了执行《守则》，联合国粮农组织陆续制订了一系列的国际行动计划：1999年《减少延绳钓渔业中误捕海鸟国际行动计划》❻《养护和管理鲨鱼国际

---

❶ 参见联合国粮农组织渔业和水产养殖部渔业委员会 [EB/OL]. http://www.fao.org/fishery/about/cofi/zh [2018-12-19].

❷ Agreement to promote compliance with international conservation and management measures by fishing vessels on the high seas, 1993年11月24日通过, 2003年4月23日生效。

❸ Code of Conduct for Responsible Fisheries.

❹ 该《守则》第1.1条。

❺ 刘丹. 海洋生物资源保护的国际法 [M]. 上海：上海人民出版社，2012：90.

❻ International Plan of Action for Reducing Incidental Catch of Seabirds in Longline Fisheries.

行动计划》❶、《捕捞能力管理国际行动计划》❷、2001年《关于预防、制止和消除非法、不报告和不管制捕捞的国际行动计划》❸。IPOA-IUU国际行动计划包含了船旗国、港口国、沿海国和市场国的责任，设想了国家间以及产业、捕鱼社区和非政府组织（NGO）的代表的广泛参与和协调，以及采用广泛和综合的办法，以便处理IUU捕鱼的所有影响，呼吁各国制定和通过其自己的国家行动计划，涉及船旗国责任、沿海、港口和市场国措施以及RFMO的作用和NPOA的实施。

2009年通过的《港口国预防、制止和消除非法、不报告、不管制捕鱼（IUU）的措施协定》（《港口国协定》）❹是第一个专门用来解决非法、不报告、不管制捕鱼的全球性条约，也是目前唯一一个由非船旗国协助在公海作业渔船的船旗国打击IUU捕捞的国际协定，主要目的是通过港口和上岸量管控来预防、制止和消除IUU捕捞，由此减少IUU捕捞渔获物流入国际交易市场。联合国粮农组织希望协定能够有助于阻止IUU捕捞产品进入国际市场，从而铲除一些导致渔民从事非法捕鱼的重要因素。《港口国协定》呼吁各国拒绝涉及IUU捕鱼的船只入港或对其进行检查，并采取必要的行动。为了支持这项工作，《港口国协定》要求各缔约方履行在区域和全球层面对所发现的非法捕鱼船只进行通报的义务，强化了国际社会对IUU捕鱼行为的监测监管。《协定》适用于任何港口，因此即便仅是入港加油、保养和维修补给的船只也必须履行检查要求。防止不法渔民将其"不义之财"卸载上岸的做法增加了此类渔获物进入国内和国际市场的难度。与大多数监控和监视计划相比，港口国措施能够非常经济有效地遏制非法捕捞活动。

在海洋生物尤其是渔业的养护与管理的发展中，先后成立了若干渔业组织，这些组织通常管理跨界或国家管辖区之间的共享种群、国家管辖区和公

---

❶ International Plan of Action for Conservation and Management of Sharks.
❷ International Plan of Action for the Management of Fishing Capacity.
❸ International Plan of Action to Prevent, Deter, and Eliminate Illegal, Unreported and Unregulated Fishing (IPOA-IUU).
❹ Agreement on Port State Measures to Prevent, Deter and Eliminate Illegal, Unreported and Unregulated Fishing (PSMA)，2009年12月22日通过，2016年6月5日生效。

海之间或只分布在公海的鱼类种群。渔业管理组织一般由具有经济势力或有政治影响力的国家或国家集团发起。例如，为规范捕鲸业，于1946年成立了国际捕鲸委员会，当时从事捕鲸的国家如美国、苏联、英国以及日本均在政治、经济方面有一定的影响力。这一委员会后来发展成为拥有81个成员方的重要国际渔业管理组织，捕鲸问题也成为世界舆论广泛关注的一个热点问题。[1]

随着国际渔业的发展，各种渔业组织和机构在海洋生物资源的养护和管理中发挥了重要的作用。根据联合国粮农组织的统计，目前全球和跨洋的渔业组织有6个，太平洋有13个，大西洋有15个，印度洋有5个，地中海、黑海有1个，陆地水域有11个。[2]

区域渔业机构（Regional Fishery Bodies）是国际渔业协定或安排的缔约方国家或组织共同致力于渔业养护、管理和/或发展（conservation, management and/or development）的机制。区域渔业机构的任务各不相同，有的具有咨询任务，并且对其成员提供不具有约束力的建议、决定或协调机制。有的负有管理任务，这些被称为区域渔业管理组织（Regional Fisheries Management Organizations, RFMO），其采取的渔业保护和管理措施对成员有约束力。区域渔业机构的功能也各不相同，它们可收集、分析、传播信息和数据，通过联合方案和机制协调渔业管理，组织技术和政策论坛，作出有关养护、管理、发展和负责任地使用资源的决定等。区域渔业机构（Regional Fishery Bodies）和区域渔业安排（regional fishery arrangement）的区别是前者一般设有秘书处，而后者没有。[3]

根据与联合国粮农组织的关系，区域渔业机构主要分以下三类。[4]

---

[1] 刘小兵，孙海文. 国际渔业管理现状和趋势（一）[J]. 中国水产, 2008 (10): 30.

[2] 资料来源：联合国粮农组织渔业委员会区域渔业机构 [EB/OL]. http://www.fao.org/fishery/rfb/search/zh [2018-12-23].

[3] 渔业机构或安排可参见联合国粮农组织渔业与水产部网页相关信息 [EB/OL]. http://www.fao.org/fishery/rfb/search/en [2018-12-23].

[4] FAO and Regional Fishery Bodies [EB/OL]. http://www.fao.org/fishery/topic/16918/en [2018-12-23].

1. 根据《联合国粮农组织章程》第6条和第14条设立的区域渔业机构

区域渔业机构是一个相关区域或分区域机制，各成员方通过该机制共同合作，确保共用渔业资源的长期可持续性。❶

根据第6条设立的区域渔业机构是其成员方（下称"成员"或"成员方"）的咨询机构，一般由粮农组织提供财政支持。包括：中东大西洋渔业委员会（Fishery Committee for the Eastern Central Atlantic，CECAF）、非洲内陆渔业和水产养殖委员会（Committee on Inland Fisheries and Aquaculture of Africa，CIFAA）、拉丁美洲及加勒比内陆渔业和水产养殖委员会（Commission for Inland Fisheries and Aquaculture of Latin America and the Caribbean，COPES-CAALC）、欧洲内陆渔业及水产养殖咨询委员会（European Inland Fisheries and Aquaculture Advisory Commission，EIFAAC）、西南印度洋渔业委员会（South West Indian Ocean Fisheries Commission，SWIOFC）；中西部大西洋渔业委员会（Western Central Atlantic Fishery Commission，WECAFC）。

根据第14条设立的机构具有监管权力和能力，能够采取有约束力的保护和管理措施。此类机构通常称为"区域渔业管理组织"。根据其"自主程度"，其中有些组织可以接收正常计划外资金的支持，在大多数情况下，可以接收各成员方根据其各自章程提供的捐款。如粮农组织大会所指出的，按照章程第14条在本组织成员方之间缔结的任何协定，应担负超出本组织章程中所承担的财政或其他义务。若非如此，即无理由缔结此种协定，至少不必引用章程第14条所规定的法律形式。根据第14条设立的法定机构包括：亚太渔业委员会（Asia-Pacific Fishery Commission，APFIC）；中亚及高加索区域渔业和水产养殖委员会（Central Asian and Caucasus Regional Fisheries and Aquaculture Commission，CACF）；地中海渔业总委员会（General Fisheries Commission for the Mediterranean，GFCM）；印度洋金枪鱼委员会（Indian Ocean Tuna Commission，IOTC）；区域渔业委员会（Regional Commission for Fisheries，RECOFI）。

---

❶ 联合国粮农组织渔业委员会第33届会议文件（COFI/2018/Inf.20）[C]. 在粮农组织框架内设立的区域渔业机构.

2. 在联合国粮农组织框架外但由粮农组织保管条约文件的区域渔业机构

例如,大西洋金枪鱼养护委员会(International Commission for the Conservation of Atlantic Tunas, ICCAT)、亚太水产养殖网络(Network of Aquaculture Centers in Asia-Pacific, NACA)、临大西洋非洲国家渔业合作部长级会议(Ministerial Conference on Fisheries Cooperation among African States Bordering the Atlantic, COMHAFAT-ATLAFCO);维多利亚湖渔业组织(Lake Victoria Fisheries Organization, LVFO);东南大西洋渔业组织(South East Atlantic Fisheries Organization, SEAFO)、南印度洋渔业协议(South Indian Ocean Fisheries Agreement, SIOFA)等。

3. 在联合国粮农组织框架外建立的区域渔业机构

例如,南极海洋生物资源养护委员会(Commission for the Conservation of Antarctic Marine Resources, CCAMLR)、美洲间热带金枪鱼委员会(Inter—American Tropical Tuna Commission, IATTC)、东北大西洋渔业委员会(North—East Atlantic Fisheries Commission, NEAFC)、西北大西洋渔业组织(Northwest Atlantic Fisheries Organization, NAFO)、南方金枪鱼养护委员会(Commission for the Conservation of Southern Bluefin Tuna, CCSBT)、中西太平洋金枪鱼委员会[1](WCPFC)等。

(二)渔业资源养护与管理的主要措施[2]

经过几十年的发展,国际渔业管理组织已经基本形成完备的养护和管理措施。

1. 监管措施

(1)渔船和渔具标识制度

渔船和渔具要根据国际标准进行标识,如根据联合国粮农组织《关于渔

---

[1] 中西太平洋高度洄游性鱼类资源养护和管理委员会(Commission for the Conservation & Management of Highly Migratory Fish Stocks in the Western & Central Pacific Ocean),以下简称中西太平洋金枪鱼委员会(Western and Central Pacific Fisheries Commission)。

[2] 本部分主要参考资料:刘小兵,孙海文. 国际渔业管理现状和趋势(一)[J]. 中国水产,2008(10):30-32。

船标识和识别的标准规格和准则》确立的标准。有些渔业组织还强制性要求渔船必须填报捕捞日志。

(2) 捕捞许可和船舶注册制度

渔业组织或条约一般会对船旗国发放捕捞许可和船舶注册（合法渔船名单）做出明确规定。渔业管理组织的成员有义务禁止合法渔船名单外的渔船在其港口卸货和销售产品。

(3) 产量统计证书和强制性数据统计要求

有些渔业组织如ICCAT要求对蓝鳍金枪鱼实行产量统计证书制度，以严格控制产量和打击非法捕鱼活动。ICCAT要求成员进口相关渔产品时必须附带产量统计证书。渔业组织要求成员提供渔业数据，包括捕鱼的渔船、时间、地点、数量、种类等。

(4) 渔船和捕捞量的限制

对渔船的限制主要是吨位和数量限制，例如，IOTC对在印度洋作业的金枪鱼延绳钓渔船实行总吨位控制，ICCAT对各国金枪鱼延绳钓渔船实行船数限制。对捕捞量的限制包括分种类的总允许捕捞量、配额（限额）分配和捕捞强度限制等。

(5) 渔具的限制

1989年的《禁止在南太平洋使用长流网捕鱼公约》是国际社会第一个专门对捕鱼方法和工具进行规范的条约。公约主要针对长度超过2.5公里的流网（第1条）。公约第2条规定任何缔约国应保证禁止其国民或在其国家登记的船舶在公约规定的海域内使用这种长流网捕鱼，禁止用此种网捕的鱼在缔约国上岸，禁止用缔约国的设施加工用此种网捕的鱼，禁止进口此种鱼，禁止在缔约国管辖范围内的任何船舶拥有此种网，为此还专门规定了有关的措施及执行等。

此外，渔业组织还要求大型渔船安装船位报告仪器、在一些区域实行公海登临和检查制度。

2. 技术措施

渔业养护与管理的技术措施主要包括规定最小捕捞规格、实行禁渔期、对兼捕物种进行有效管理等。

四、公海海洋哺乳动物的保护

与鱼类相比，海洋哺乳动物的成熟发育期更长，在过度捕捞后恢复更慢，某些种群濒临灭绝的危机日益加剧。目前已经形成比较完善的养护与管理制度的主要是鲸和海豹。

（一）鲸的保护

捕鲸的历史源远流长。据资料记载，早在12世纪，生活在伊比利亚半岛的巴斯克人就在比斯开湾猎捕露脊鲸。由于近海资源的减少和经济利益的驱动，捕鲸者开始向远洋扩张，16世纪时抵达北美海岸；17世纪时英国和荷兰的捕鲸船甚至在北冰洋水域作业。18世纪抹香鲸渔业活动兴起，成为世界范围内的一项新兴产业；美洲捕鲸者与其他国家的同行从大西洋一直捕猎到太平洋和印度洋。另外，日本人也自1675年开始捕鲸。这种大肆捕猎活动使鲸类自20世纪开始就已严重减少，而且捕鲸技术的发展加速了鲸资源的衰退。这种影响甚至波及人迹罕至拥有大量鲸类的南极海域。❶

1931年《国际捕鲸管制公约》❷是在国际联盟推动下第一个专门对捕鲸进行管理的公约，随后又分别在1938年和1945年达成两个议定书。公约的意义在于它为公海上人类共有的一种生物资源建立了一项国际制度，特别是它为当时捕鲸公司互相缔结自愿限制生产协议提供了法律框架。但公约的实际效果并不理想。

1946年是保护鲸类和管制捕鲸业划时代的一年：在美国的积极倡议下，

---

❶ 邹克渊. 捕鲸的国际管制. 中外法学 [J]，1994 (6)：50.
❷ Convention for the International Regulation Whaling, 1931年9月通过, 1935年1月16日生效。

国际捕鲸大会在华盛顿召开，通过了一个崭新的公约——《捕鲸管制国际公约》。❶公约建立了国际捕鲸委员会❷（IWC），养护和管理世界范围内的大型鲸类，每年规定捕鲸国的捕鲸头数、制定禁渔期和禁渔区。

自1949年国际捕鲸委员会成立以来，其所通过的修正案很多，但绝大多数没有达到预期的效果，其主要阻力来自委员会内部的捕鲸大国。它们如果不同意有关的修正案，则完全可以不受法律条款的约束。这是捕鲸管制公约本身所存在的缺陷。公约的另一个缺陷是没有赋予捕鲸委员会任何执行的权限，委员会无法对违反公约规定的国家加以制裁。❸除此之外，公约允许缔约国为科学研究目的捕杀鲸类，并由它们颁发许可证。有关资料表明，近年来对鲸类的捕杀大多是在"科研"的借口下进行的。如冰岛在商业性捕鲸暂停期间以科研为目的的捕杀鲸类为每年200头，而鲸肉大多出口至日本。即使在国际捕鲸委员会和世界各国普遍对捕鲸或禁止或实行严格限制后，日本仍以科学研究或文化习俗为名捕杀鲸，这引起了各国和环境保护组织的强烈不满和抗议。

2010年6月，澳大利亚以日本"科学捕鲸违反国际法"❹将其诉到国际法院，指控日本根据所谓的"第二阶段鲸类研究项目"进行的持续大规模捕鲸活动违反了《捕鲸管制国际公约》的相关规定，未能履行保护海洋哺乳动物和海洋环境的义务。澳大利亚在起诉书中要求日本停止"第二阶段鲸类研究项目"；取消所有允许进行相关捕鲸活动的授权、许可证或执照；在其捕鲸活动明确符合国际法规定的义务之前，保证不再根据"第二阶段鲸类研究项目"从事新的捕鲸活动。2014年3月，国际法院作出判决，认为日本的捕鲸活动"并非科学研究活动"。

---

❶ The International Convention for the Regulation of Whaling, 1946年12月2日通过，1948年11月10日生效。

❷ International Whaling Commission, 1946年根据《国际捕鲸管制公约》成立。成员包括：日本、中国、韩国、美国、德国、英国、挪威、俄罗斯、澳大利亚、摩洛哥、南非、印度、巴西等53国。加盟IWC的国家不少，但捕鲸的成员方却不多，主要有日本、美国、俄罗斯、英国、德国、挪威等几个国家。

❸ 邹克渊. 捕鲸的国际管制. 中外法学[J], 1994 (6)：52.

❹ Whaling in the Antarctic (Australia v. Japan: New Zealand intervening).

从捕鲸管制来看，目前捕鲸国如日本等仍然在为取消商业捕鲸限制禁令在国际捕鲸委员会上进行游说。2010年在摩纳哥召开的第62届国际捕鲸委员会会议上，日本为使"将来10年允许商业捕鲸"的议案得到通过，不惜拉票贿选。❶ 2018年9月在巴西举办的国际捕鲸委员会年会上，日本推动恢复商业捕鲸的提案再次失败之后，同年12月，日本内阁官房长官菅义伟发表声明，正式宣布日本退出《捕鲸管制国际公约》。❷ 同时，日本政府宣布，自退约生效之日，也就是2019年7月1日起，日本将在其领海和专属经济区之内重启商业捕鲸活动。由此可见，捕鲸国与反对捕鲸国的分歧依然存在，鲸的国际保护问题仍然需要国际社会尤其是国际捕鲸委员会的努力。

（二）海豹的保护

早在1911年，美、英、俄、日之间就签订了《北太平洋海豹条约》❸，公约本意不在于保护海豹，但由于禁止深海捕猎海豹，所以客观上对海豹起到了有效的保护作用。公约成立了北太平洋海豹委员会，在合作科研的基础上推崇在陆地上捕猎海豹的保护措施。公约规定缔约国应协调彼此的科学研究方案断定采取哪些必要措施来扩大海豹资源的持久捕猎量，并确定海豹与其他海洋生物资源之间的关系；还规定对违反公约的船只可采取登船和逮捕等强制措施。❹

海豹保护的另一重要条约是1972年《南极海豹养护公约》❺，作为南极条约体系的一部分，公约主要用来核对用于科研的海豹的年捕杀量或捕捞量。❻ 公约的序言表明"养护的目标是防止过度捕猎，实现最佳可持续产量（Optimum Sustainable Yield）。公约附件具体规定了海豹的养护措施，如允许

---

❶ 捕鲸大会，日本被爆买票丑闻［EB/OL］. http://env.people.com.cn/GB/11958848.html［2019-2-2］.

❷ 刘能冶. 日本为什么要退出捕鲸管制国际公约？［EB/OL］. https://www.thepaper.cn/newsDetail_forward_2786706［2018-12-25］.

❸ Convention Between the United States, Great Britain, Russia and Japan for the Reservation and Protection of Fur Seals, 1911年2月7日通过, 1911年12月15日生效。

❹ 刘丹. 海洋生物资源保护的国际法［M］. 上海：上海人民出版社, 2012：171.

❺ Convention for the Conservation of Antarctic Seals, 1972年6月1日通过, 1978年3月11日生效。

❻ 刘惠荣. 国际环境法［M］. 北京：法律出版社, 2006：46.

捕猎或禁止捕猎的海豹种类、捕猎地点、捕猎方式和捕猎期的限制，等等（附件第 1-5 条）。

《南极海豹养护公约》与《北太平洋海豹条约》的不同在于，前者强调保护生态平衡又保证理性使用的需要，后者旨在每年捕捞最大化的实现。前者还特别强调科学数据和信息的重要性，并鼓励缔约国之间的合作。❶

由于各国对于海洋哺乳动物保护的认识并不完全相同，导致关于保护的国际法受到诸多限制。一些条约的规定开始考虑借助国家和国际组织来加强海洋哺乳动物的保护，正如 1982 年的《联合国海洋法公约》。该公约在第 65 条规定："本部分的任何规定并不限制沿海国的权利或国际组织的职权，对捕捉海洋哺乳动物执行较本部分规定更为严格的禁止、限制或管制。各国应进行合作，以期养护海洋哺乳动物，在有关鲸类动物方面，尤应通过适当的国际组织，致力于这类动物的养护、管理和研究。"

在此情况下，一些走在海洋环境保护前列的国家开始通过国内法加强海洋哺乳动物的保护，如美国 1972 年《海洋哺乳动物保护法》的通过。该法的主要目的在于保护及管理海洋哺乳动物，使其免于被捕猎与伤害，为减少鲸豚等海洋哺乳动物的误捕奠定了管理制度。该法还规定了海洋哺乳动物展示的基本要求，规范了海洋哺乳动物及其相关产品的进出口等问题。

美国《海洋哺乳动物保护法》规定：如果某种商业性捕鱼技术对海洋哺乳动物造成意外死亡或者伤害，而且死伤比率超过美国国内法律允许的死伤标准，对使用该捕鱼方法捕获的海鱼或者海鱼产品，将被禁止进口。这种规定带来了美国与他国之间的多起争端。最为典型的是 1991 墨西哥诉美国的金枪鱼/海豚案和 1996 年印度、马来西亚、巴基斯坦和泰国与美国关于禁止虾及虾制品进口的纠纷（案件编号：WT/DS58）。在这些案件中，美国依据其国内法对外国进口产品采取限制或禁止措施，而对方则认为美国的行为违反了《关贸总协定》和 WTO 协议的相关规定。此类案件引发了国际法中有关环境与贸易问题的讨论。

在上述案件中，从海洋哺乳动物保护的角度看，美国的做法无非是想通

---

❶ 刘丹. 海洋生物资源保护的国际法 [M]. 上海：上海人民出版社, 2012：173.

过贸易禁止或限制措施促使相关国家也采取相应的措施来保护海洋生物，虽然案件的裁决并未支持美国的做法，但上诉机构的裁定提示我们，WTO 实际已经授权各方可以在多边谈判解决环境争议未果的情况下，采取相应的单边环境措施以保护海龟、海豚等海洋生物，从而为世界贸易组织体系与相关海洋生物保护公约的衔接提供了法律依据和空间。❶

五、北冰洋公海渔业问题

北冰洋核心区公海位于地球最北端，面积大约 280 万平方公里，处于北冰洋沿岸五国的专属经济区之外，被美国、俄罗斯、加拿大、丹麦（格陵兰岛）和挪威所包围。

根据 2013 年北极理事会下设的养护北极动植物工作组（Conservation of Arctic Flora and Fauna，CAFF）发布的《北极生物多样性评估》报告，北冰洋的海洋鱼类大约为 250 种，其中边缘海域的鱼类种类为 106 科 633 种。❷ 具有经济价值或潜在商业价值的海洋鱼类有鳕科鱼类、鲱科鱼类、鲽科鱼类、鲑鱼类、鲉科鱼类和香鱼。鳕科鱼类已成为北极海域重要的鱼类，具有极高的商业价值；香鱼是北极海域重要的饵料鱼类；鲑鱼是北极海域最具经济价值和营养价值的鱼类，常见的鲑鱼鱼种主要有红点鲑和大西洋鲑。然而，受气候变暖的影响，北极海域鱼类资源的分布发生了很大变化。美国地质调查局和美国海洋能源局联合对北极海域鱼类资源的研究结果显示，在楚科奇海和波弗特海发现的 109 种鱼类中，2002 年首次发布北极鱼类种群目录后发现的为 20 种，另有 63 种鱼类的栖息地范围发生改变，总体呈现向高纬度扩展的趋势。一些原本在北冰洋不常见的鱼类，如狭鳕、太平洋鳕、鲑鱼大量出现在美国管辖范围内的北冰洋海域。这充分说明，在气候变化影响下，越来越多的鱼类迁徙到原本被冰层覆盖的高纬度的北冰洋海域。❸

由于北冰洋常年被厚冰覆盖，因而该海域的商业捕捞问题在过去一直没

---

❶ 朱建庚. 风险预防原则与海洋环境保护 [M]. 北京：人民法院出版社，2006：229.

❷ Erik J. Molenaar, Status and Reform of International Arctic Fisheries Law [J]. Arctic Marine Governance, 2014 (2)：115.

❸ 白佳玉，庄丽. 北冰洋核心区公海渔业资源共同治理问题研究 [J]. 国际展望，2017 (3)：137.

有引起关注。但是近些年,由于气候变化,在北半球夏季来临的时候,北冰洋国际海域的永冻冰开始融化,变成开阔的水面。2012年的夏季,40%的北冰洋国际水域海冰完全融化。2018年,美国国家雪冰数据中心发布的数据显示,7月18日北极海冰覆盖范围已经比1981—2010年的均值少了100多万平方公里。❶ 如果照此趋势发展下去,未来夏季位于北冰洋中心的公海将有大面积的无冰区出现,北冰洋或将出现"无冰之夏",这意味着千百年来处于冰封之下的北极公海资源,尤其是渔业资源将可能被人类利用,这给国际社会既带来了渔业捕捞的经济机遇,又带来了环境保护和渔业养护的现实挑战。

虽然前述一些国际条约对于公海渔业有所规制,但往往仅适用于某一区域或某些鱼类种群,这使得北冰洋核心区公海渔业管理无法覆盖到整个北冰洋海域,可能出现"盲区"。另外,部分协议的缔约方未纳入其他利益攸关方,参与主体有限,其适用范围同样具有局限性。

近年来,相关北极国家开始就北冰洋公海渔业管理进行谈判和磋商。在美国的积极倡议之下,从2010年开始,北冰洋沿岸五国就该区域的渔业资源调查及养护召开了多次政府代表会议,于2015年7月16日在挪威首都奥斯陆发表《关于防止北冰洋核心区不规范公海捕鱼的宣言》❷。宣言统一了五国的政治立场,在北冰洋公海实施临时措施,禁止各国在该海域进行商业性渔业活动;建立联合科学研究计划,监测该海域鱼类洄游分布与丰度。2015年12月,北冰洋公海渔业第一次政府间磋商会议在美国举行,北冰洋沿岸五国与中国、日本、韩国、冰岛以及欧盟十个代表团参加会议,正式开启了北冰洋公海渔业管理的国际磋商进程。最终于2017年11月28~30日,北冰洋公海渔业政府间第6轮磋商会议在美国首都华盛顿举行,就《防止中北冰洋不管制公海渔业协定》❸(以下简称《渔业协定》)文本达成一致,国际社会在北冰洋公海渔业管理进程中迈出了重要一步。

在六轮的磋商过程中,各方争议的焦点包括:协定适用区域、探捕渔业

---

❶ National Snow and Ice Data Center, [EB/OL]. https://nsidc.org/arcticseaicenews/ [2018-12-29].
❷ Declaration Concerning the Prevention of Unregulated High Seas Fishing in the Central Arctic Ocean.
❸ Agreement to Prevent Unregulated Commercial Fishing on the High Seas of the Central Arctic Ocean, 2017年11月30日通过。

的管理、未来建立正式的区域渔业管理组织或安排的触发机制、缔约方大会的决策机制、协定生效等内容。其中，建立正式的区域渔业管理组织或安排的触发机制是各方争议的核心问题，最终各政府代表团认可"分步走"方法：即在目前商业性渔业活动还不成熟的情况下，先制定《渔业协定》，为未来北冰洋公海渔业管理积累科学数据。待时机成熟时，再根据相关国际法，建立正式的区域渔业管理组织。与此同时，建立区域渔业管理组织这个问题是与缔约方大会的决策机制、《渔业协定》生效这两个焦点问题密切相关的。❶

为解决上述三个焦点问题，各方积极寻求妥协方案。最终规定，缔约方大会的决定采取"协商一致"的原则，《渔业协定》生效必须获得所有9个国家和欧盟的批准。这样避免了在这两个问题上将北冰洋沿海国与非沿海国进行区别对待，给予每方一票否决的权利。同时，为避免在《渔业协定》生效情况下北冰洋公海"临时性禁渔"变成"永久性禁渔"，会议设计出一个"日落条款"，即给《渔业协定》设定一个初步有效期限，进而使未来建立正式的区域渔业管理组织成为可能。根据会议达成的意见，《渔业协定》初步有效期限为16年，从生效日期开始计算。之后如果没有任何一个缔约方反对，可以延长5年。之所以确定为16年，是因为有关沿海国代表主张20年，有关非沿海国代表主张10年，有国家要求偶数年份，最终折中成16年。

目前北冰洋公海大多数海域还是终年被海冰覆盖，没有商业捕捞活动，《渔业协定》属于预防性措施，它填补了国际海洋渔业治理和北极国际治理的空白，为未来北冰洋公海渔业的科学管理打下了坚实基础。这个协议的另一重要意义在于它开启了北极地区治理的一种新模式，即A5+5机制（北极5国与中、日、韩、欧盟、冰岛），北冰洋沿岸国和重要利益攸关方在一起讨论协商北极地区治理的问题，这不同于北极理事会机制，也不同于北极5国机制。未来，这种模式或将可以进一步推广到其他北极问题的治理，如北极航道、北极地区环境等。

---

❶ 唐建业.《协定》是北极特定海域的治理规则［N］. 中国海洋报（社会科学版），2017-12-05（A4）.

六、"次区域渔业委员会提交的咨询意见案"与我国的远洋渔业

(一)"次区域渔业委员会提交的咨询意见案"

次区域渔业委员会(Sub-Regional Fisheries Commission,SRFC)是1985年由七个西非国家成立的政府间国际组织。❶ 与世界闻名的北海渔场(英国)、北海道渔场(日本)、纽芬兰渔场(加拿大)和秘鲁渔场(秘鲁)四大渔场相比,西非渔场沿岸非洲国家海军和渔政执法力量普遍薄弱、装备简陋,因而常常遭到国外渔船"海盗式捕捞"。由于非法、不报告、不管制(IUU)的捕鱼行为❷给FRSC成员方造成严重的损害,2012年,SRFC修订了1993年缔结的《次区域渔业委员会成员方管辖下海域海洋资源准入与开发最低条件确定条约》❸ (MAC条约),规定了成员方水域的渔业准入标准,并统一了成员方与第三国缔结渔业协定的谈判口径。此条约吸收了20世纪90年代以来国际渔业法律和政策打击IUU捕鱼行为的最新成果。❹

2013年3月,SRFC向国际海洋法法庭提交申请,请求法庭就其提出下列问题发表咨询意见:

(1) 当IUU捕鱼行为发生在第三国的专属经济区时,船旗国应承担怎样的义务(obligation)?

(2) 船旗国应对悬挂其旗帜并从事IUU捕鱼行为的船舶承担怎样的责任(be held liable)?

(3) 根据有关的国际条约向船舶签发捕鱼许可证的船旗国或国际机构,是否应当对这些船舶违反沿海国渔业法律法规的行为承担责任(be held liable)?

---

❶ 佛得角共和国、冈比亚共和国、几内亚共和国、几内亚比绍共和国、毛里塔尼亚伊斯兰共和国、塞内加尔共和国、塞拉利昂共和国。

❷ 非法、不报告和不管制渔业 [EB/OL]. http://www.fao.org/iuu-fishing/international-framework/ipoa-iuu/zh/ [2018-12-29].

❸ Convention on the Definition of the Minimum Access Conditions and Exploitation of Fisheries Resources within the Maritime Zones under the Jurisdiction of SRFC Member States (MAC Convention).

❹ 裴兆斌,朱晓丹,等. 蔚蓝的秩序——西非渔业咨询案评析 [M]. 江苏:东南大学出版社,2018:3.

(4) 在保证共享鱼种和共同利益鱼种，特别是小型中上层鱼类及金枪鱼的可持续管理方面，沿海国有何权利和义务？❶

本案是国际海洋法法庭成立之后的第一个全庭出席咨询意见案，法庭收到了来自23个国家❷和7个相关组织❸的正式书面意见。❹ 2015年4月2日，法庭发布了咨询意见，一致认为对本案有咨询管辖权。

在此案的咨询意见中，法庭将国家的责任问题与《海洋法公约》结合起来，阐明了船旗国对于悬挂其旗帜的船舶从事IUU捕鱼的尽责义务与国家的责任问题。法庭对《海洋法公约》中船旗国的义务进行了分析，明确了船旗国在保护渔业资源方面需要承担的国际义务。

根据《海洋法公约》的规定，船旗国对于悬挂其旗帜的船舶负有确保责任，一方面，船旗国有责任确保悬挂其旗帜的船舶在他国的专属经济区内从事捕捞活动时遵守他国关于渔业资源养护的措施和法律法规；另一方面，船旗国有责任确保悬挂其旗帜的船舶不在他国的专属经济区内从事IUU捕鱼。在国际法律文件中使用确保责任的情形有两种：其一，国家为其管辖的人员的每一项违反国际法的行为负责任是不合理的；其二，某些特殊情况下的私人行为不能归责于国家也同样是不合理的。❺

依据国际法的一般规定，国家并没有义务对私人捕捞活动所导致的违反国际法的后果承担国际责任，然而《海洋法公约》要求国家应当承担保护海洋生态环境、养护海洋生物资源的义务，因此，船旗国有义务确保悬挂其旗帜的船舶不在他国管辖海域从事IUU捕捞，这就是船旗国"确保"责任的产

---

❶ Request for an Advisory of Opinion Submitted by the Sub-Regional Fisheries Commission (SRFC). Para 2.

❷ 22个《海洋法公约》的缔约方：沙特阿拉伯、德国、新西兰、索马里、爱尔兰、密克罗尼西亚、澳大利亚、日本、葡萄牙、智利、阿根廷、英国、泰国、荷兰、古巴、法国、西班牙、黑山、瑞士、斯里兰卡、欧盟、中国；1个1995年《跨界鱼类种群协定》的缔约国：美国。

❸ 联合国、联合国粮农组织、次区域渔业委员会、中美洲渔业和水产业组织、渔业机构论坛、国际自然保护联盟、加勒比区域渔业机制。

❹ Request for an Advisory of Opinion Submitted by the Sub-Regional Fisheries Commission (SRFC). Para 17.

❺ Responsibilities and obligations of States sponsoring persons and entities with respect to activities in the Area (Request for Advisory Opinion submitted to the Seabed Disputes Chamber). Para 112

生缘由。本案中，船旗国的确保责任为其创设了尽责义务[1]，该尽责义务并不要求船旗国完全禁止在他国专属经济区中的 IUU 渔业，而是要求船旗国采取足够的措施、用尽一切方法、最大限度地确保该结果的实现。只要船旗国能够证明自己已经采取一切必须的和适当的措施以履行自己的尽责义务，则其可以免除承担国际责任。所以说这种尽责义务是行为义务，不是结果义务。

虽然此案涉及的是 SRFC 成员方管辖范围内的专属经济区捕鱼活动，但此案中关于船旗国责任的问题还是对于我国的远洋渔业有潜在影响的，所以我国也向法庭提交了书面意见。在此书面意见中，我国认为《海洋法公约》并没有为整个海洋法法庭的咨询管辖权提供法律依据。[2] 不过此案的咨询意见对于我国在西非甚至世界范围内的远洋渔业还是有一定程度影响的。

（二）我国的远洋渔业

1985 年，我国第一支远洋渔船船队出发去西非海域作业。截至 2016 年年底，全国远洋渔业企业 162 家，比 2010 年增长 46%；远洋渔船近 2900 艘（含在建渔船）。作业海域涉及 42 个国家（地区）的管辖海域和太平洋、印度洋、大西洋公海以及南极海域。其中，公海作业渔船 1329 艘，占世界公海作业渔船的 6%，产量 132 万吨，占世界公海渔业产量的 12%，船数和产量均居世界前列。远洋渔业的工具也由拖网为主发展到围网、刺网、钓具等多种作业类型；产业链进一步延伸，经营内容由单一捕捞向捕捞、加工、贸易等综合经营拓展；批准建设了 2 个国家远洋渔业基地，远洋渔业海外综合基地建设初具规模，建设投资额 200 万美元以上的基地 29 个。全面深入参与 7 个区

---

[1] 关于 due diligence，中文翻译不同。在国际法委员会的文件中，1999 年《特别报告员彭马拉朱·斯里尼瓦萨·拉奥：危险活动所致跨界损害的损失分配法律制度第二次报告》（A/CN.4/501）的中文本称为"应有注意义务"；2006 年《预防危险活动的跨界损害条款草案评注》的中文本称为"适当注意义务"，2006 年《特别报告员彭马拉朱·斯里尼瓦萨·拉奥：危险活动所致跨界损害的损失分配法律制度第三次报告》（A/CN.4/566）的中文本称为"应有谨慎义务"，2016 年《村濑信也：关于保护大气层的第三次报告》（A/CN.4/692）的中文本称为"尽职义务"。此外中文文献中还有"谨慎处理义务""适当谨慎义务""尽责义务"等不同的翻译。

[2] 2013 年 11 月 26 日，中国书面意见，第 53~55 段。

域渔业管理组织（RFMO）事务❶，基本覆盖所有远洋渔业作业区域。坚持互利共赢原则，签订了8个政府/部门间渔业合作协议或谅解备忘录，有效地保障了双边渔业合作发展；坚持履行国际义务，会同国际社会坚决打击 IUU 渔业活动。到2020年，全国远洋渔船总数要稳定在3000艘以内，年产量230万吨左右。❷

但是随着海洋环境和生态保护的进一步加强和发展，可持续资源利用、负责任渔业管理、打击 IUU 渔业活动等成为国际社会关注焦点，也被联合国列为重要议题；世界贸易组织（WTO）框架下的渔业补贴谈判紧密进行，生产性政府补贴被高度关注；全球公海基本都要纳入区域渔业管理，管理要求也日益严格；沿海国资源环境保护意识不断增强，合作成本不断提高，我国的远洋渔业面临越来越多的挑战。

根据 SRFC 监测统筹小组的记录，2011—2013 年间，中国渔船在西非6个国家（冈比亚、几内亚、几内亚比绍、毛里塔尼亚、塞内加尔和塞拉利昂）共有204起涉嫌 IUU 行为。这些违法案件中，37%在禁捕区域非法作业，32%因渔船缺少有效许可证，14%因使用网孔小于法律规定标准的渔网违法操作。此外，约40%的渔船有过2次以上的 IUU 记录。❸ 自从西非各国加大打击国际渔船非法渔业后，我国农业部在2012年通过了《远洋渔船船位监测管理暂行办法》，2014年10月，出台了《远洋渔船船位监测管理办法》，要求相关企业必须通过船位监测系统，每日报关设备故障渔船前24小时（每4小时一次）船位信息。自2014年起，至少97起涉嫌非法、不报告和不受管制捕捞活动（IUU）的案件分别与16家中国人所有或经营的企业有关联，其中90件发生在非洲水域。其中最具争议的一次事件是我国船只因在南大西洋非法

---

❶ 我国加入了养护大西洋金枪鱼委员会、中西太平洋渔业委员会、美洲间热带金枪鱼委员会、印度洋金枪鱼委员会、南太平洋渔业管理委员会、北太平洋渔业委员会和南极海洋生物资源养护委员会等共7个区域渔业管理组织。

❷ 十三五"全国远洋渔业发展规划"．中国农业部网［EB/OL］．http://www.yyj.moa.gov.cn/yyyy/201712/t20171219_6123185.htm［2019-2-2］．

❸ 王衍．大陆远洋捕鱼遭质疑背后［EB/OL］．http://www.ifengweekly.com/detil.php?id=1954［2019-2-2］．

捕捞而被阿根廷军队击沉。❶

作为一个遵守国际法的渔船船旗国,我国必须确保本国远洋捕捞船队遵守法律,维护渔业的可持续发展。首先在《中华人民共和国渔业法》(以下简称《渔业法》)和《远洋渔业管理规定》修订时,要提高渔业可持续性标准,加强对远洋捕捞船队的管理,对涉嫌开展 IUU 的企业和船只不能只采取惩罚措施;应当确保针对远洋捕捞船队的环境要求达到最高适用标准,推动环境影响较低的捕鱼方法取代不可持续的方法;应该努力支持有利于海洋资源可持续开发的活动,包括促进科学研究,与其他国家合作,共同对船队作业展开有效的监测、控制和监视,打击 IUU 捕捞活动等。

我国已经从《渔业法》修订草案中删除了补贴相关的条文,渔业主管机关原农业部也在推进远洋渔业转型升级,以"零容忍"态度加强远洋渔业的规范管理,促进远洋渔业规范有序发展。2016 年以来,已对 78 家远洋渔业企业所属的 264 艘违规渔船依法作出处罚,扣减国家财政补贴约 7 亿元,取消了 3 家远洋渔业企业的从业资格,将 15 名违规责任人员列入从业人员"黑名单"。❷2019 年 1 月,农业农村部与外交部联合,会商公安部、交通运输部、海关总署、国家市场监督管理总局,推动落实打击 IUU 渔船的港口国措施。其中,拟将我国加入的 7 个区域渔业组织公布的共 247 艘 IUU 渔船名单通报国内各口岸,将其列入布控范围,防止其进入我国港口,拒绝此类渔船在我国港口进行加油、补给、维修和上坞等,拒绝其所载渔获物在我国港口卸货、转运、包装、加工等。同时,农业农村部已将上述渔船名单通报国内有关渔港监督管理部门,以防止这些渔船进入我国渔港。❸

今后还会进一步完善远洋渔业管理制度,控制船队规模,提高企业的遵纪守法意识,有效遏制严重违规行为。我国还将深入参与南极海洋生物资源

---

❶ 江雍年. 中国需控制远洋捕捞渔船增长 [EB/OL]. https://chinadialogueocean.net/594-chinas-distant-water-fishing-fleet-growing-unsustainably/?lang=zh-hans [2019-2-2].

❷ 农业部办公厅关于部分远洋渔业企业及渔船违法违规问题和处理意见的通报 [EB/OL]. https://chinadialogueocean.net/594-chinas-distant-water-fishing-fleet-growing-unsustainably/?lang=zh-hans [2019-2-3].

❸ 多部委联合落实打击 IUU 渔船的港口国措施 [EB/OL]. http://www.gov.cn/xinwen/2019-01/08/content_5355767.htm [2019-2-3].

养护委员会（CCAMLR）事务，积极稳妥开发南极海洋生物资源，提升履约保障能力。在北极公海渔业问题上，也一贯坚持科学养护、合理利用的立场，主张各国依法享有在北冰洋公海从事渔业资源研究和开发利用活动的权利，同时还承担养护渔业资源和保护生态系统的义务。❶

---

❶ 国务院新闻办公室. 中国的北极政策，2018.

第四章

公海的海洋环境保护

/第四章/ 公海的海洋环境保护

实际上世界只有一种污染，那就是海洋污染，因为所有的物质，不管是空气中的还是陆地上的最终都会进入海洋。虽然海洋环境问题绝大多数是来源于陆地或是国家管辖范围内的近海活动，但海洋本身是一体的，所以这些环境损害后果会直接出现在国家管辖范围以外的公海上。从这个角度来看，公海的环境问题其实也是整个海洋环境问题。

一、海洋环境问题

海洋覆盖了地球表面的71%，是全球生命支持系统的一个基本组成部分，也是资源的宝库和环境的重要调节器。随着社会的发展，人类必然会越来越多地依赖海洋。

首先，海洋不仅是地球上一切生命的发源地，而且拥有丰富的生物资源，是地球生物多样性最丰富的地区。保护海洋生物的多样性，维持海洋生态的健康与完整，对保护全球生态环境具有举足轻重的意义。海洋还蕴藏着丰富的矿物资源、药物资源和动力能源，是人类社会物质生产的重要来源和基地。海洋是重要的交通通道，国际贸易95%的货物是通过海上运输的，海洋交通运输是许多国家经济发展的生命线。海洋还是国家安全的门户，在军事上具有重大的价值和意义。海洋还是一个非常复杂的巨大的生态系统，对全球水循环和大气循环有重要影响，地球上70%的再生氧的供应来自海洋，这是人类生存所不可缺少的。

总之，海洋能为人类社会的可持续发展提供广阔的发展空间，开发利用海洋是解决当前人类社会面临的人口膨胀、资源短缺、环境恶化等难题的一个重要途径，人类重返海洋已成为世界各国的共识。正如《我们共同的未来》中指出的："展望下一个世纪，委员会认为，可持续发展，如果不是生存本身，取决于海洋管理的重大进展。"

由于海洋处在地球的最低处，陆地上的各种物质，包括各种污染物质，最终都将进入海洋。海洋对进入其中的物质具有巨大的稀释、扩散、氧化、还原、生物降解能力（即海洋的净化能力），可以容纳一定量的污染物而不造成海洋环境的损害和破坏，所以说海洋是全球环境最大的净化器。不过，海洋的净化能力是有一定限度的，无节制地向海洋倾倒废水、废物，将造成海洋环境的污染和损害。随着海洋科技的不断进步，以及人类开发和利用海洋活动的增多，海洋环境污染和生态破坏日益严重。如何防止海洋污染是海洋开发过程中不可忽视的严峻问题，这个问题解决不好的话，人类对海洋的无礼将得到应有的报复，因此有人将其视为一颗人类自埋的"定时炸弹"。

海洋环境问题是指海洋环境中出现的不利于人类生存和发展的各种现象，大致可分为两类：原生海洋环境问题和次生海洋环境问题。原生海洋环境问题又称第一环境问题，是指由于海洋的自然变化而给人类造成的有害影响和危害，比如海啸、台风等。次生海洋环境问题又称第二海洋环境问题，是指由人类活动作用于海洋并反过来对人类自身造成有害的影响和危害。最初，海洋环境资源法中的海洋环境问题主要指第二类问题，后来逐步扩大到第一类问题。原生海洋环境问题与次生海洋环境问题，往往难以截然分开，它们之间常常存在着某种程度的因果关系，有时交叉发生、协同作用。不过目前所说的海洋环境问题一般是指次生环境问题，以下提到的海洋环境问题也采用这种说法。

海洋环境问题一般有两种情况，一种是污染性损害，是由于人类不适当地向环境排放污染物或其他物质、能量所造成的对环境的不利影响和危害，又称为海洋环境污染。20世纪六七十年代，海洋环境问题以污染损害为其特点，并主要表现为单项的、局部的、显性的污染。即海洋污染大多由某一种污染物引起，污染范围一般不大，且多表现为急性损害或有明显的表征。这类环境问题几乎都发生在发达国家工业化进入重化工发展时期，也几乎都发生在发达国家沿岸或近海海域。另一种是开发性损害，是由于人类不适当地从海洋环境中取出或开发出某种物质所造成的对海洋环境的不利影响和危害，如滥捕海洋渔业资源，又称为海洋生态破坏。不管是污染性损害还是开发性损害都会污染海洋环境，也会损害海洋生态；二者的主要区别在于损害海洋的方式不同，一个强调引入或引进物质，又称为投入性损害，另一个强调取出物质，又称为取出性损害。这类损害最典型的表现是对海洋资源的过度开发。

1982年《联合国海洋法公约》对这两种损害也有规定。《海洋法公约》第1条规定"海洋环境的污染"是指：人类直接或间接把物质或能量引入海洋环境，其中包括河口湾，以致造成或可能造成损害生物资源和海洋生物、危害人类健康、妨碍包括捕鱼和海洋的其他正当用途在内的各种海洋活动、损坏海水使用质量和减损环境优美等有害影响，这里强调的是"引入"。公约在涉及有关防止海洋污染的措施时，"包括为保护和保全稀有或脆弱的生态系统，以及衰竭、受威胁或有灭绝危险的物种和其他形式的海洋生物的生存环境，而有必要采取的措施"（第193条），以及"由于故意或偶然在海洋环境某一特定部分引进外来的或新的物种致使海洋环境可能发生重大和有害的变化"的措施（第196条），这里强调的是"引进"。在一些情况下，对海洋的投入性损害或污染性损害与对海洋的取出性损害或非污染性的损害，往往交织在一起，因此，一些环境法著作、海洋法规或国际海洋环境条约，对海洋的污染性损害和对海洋的非污染性损害之间并没有严格的定义和界限。❶

海洋环境问题早期主要是一些局部性、短期性的海洋纠纷问题，一般表现在海洋捕鱼和海上航运等方面。从工业革命开始至第二次世界大战结束是海洋环境局部恶化的阶段。这一阶段，随着蒸汽机、发电机等工业设备的发明、推广及航海业的发展，经济水平迅速提高，人类影响、作用海洋环境的规模越来越大、程度越来越高。与此相适应，这个时期的海洋问题主要是区

---

❶ 蔡守秋，何卫东. 当代海洋环境资源法 [M]. 北京：煤炭工业出版社，2001：8-9.

域性海洋污染。第二次世界大战结束至今，由于生产力、科学技术和经济高速发展，人口迅速膨胀，城市化和工业化加速，人类开发利用海洋环境资源的能力、规模、程度大大提高，海洋环境污染和生态破坏开始成为全世界关注的一个严重问题。其主要表现是因大规模开发、利用、消耗海洋资源能源所形成的海洋生物资源危机和人类大量排放废物所造成的日益严重的海洋环境污染问题，包括外来物种入侵、海洋富营养化、对海洋生物的过度捕捞、持久性有机污染物、重金属、油类等海洋污染以及其他自然变化所带来的整个海洋环境及生态系统危机。这种海洋环境问题还危及人类的生命健康，如在日本熊本县水俣湾，由于食用被甲基汞污染的鱼，造成43人死亡。类似的情况还有很多。

就世界范围而言，进入海洋环境的工业废水、生活污水和各种废弃物仍在逐渐增多，尤其是发展中国家为了发展本国经济都在走工业化的道路，加上发达国家掠夺别国资源或将污染转移给发展中国家，导致全球的海洋环境问题变得越来越多元化和复杂化，其特点表现为由单项环境问题为主，演化为以综合性环境问题为主；由局部性环境问题为主，演化为以区域性环境问题为主；由显性环境问题为主，演化为以隐性环境问题为主；由短期环境问题为主，演化为以长期环境污染与生态破坏两类问题并重。当前海洋环境问题具有综合性、复杂性、广泛性、累积性、流动性、多样性和公害性等特点。它与许多领域都有关系，既是一个生态问题、地理问题、技术问题，也是一个经济问题，如果处理不好还有可能成为国际政治问题。从经济利益和经济分析的角度看，海洋环境问题主要是一个经济问题，海洋环境退化主要是各种不适当的经济活动和经济机制的产物。随着全球经济和世界贸易市场的发展，海洋环境问题的国际性越来越突出。

二、海洋环境保护国际法的发展

从国际社会第一个关于海洋环境保护的国际公约1954年《国际防止海洋油污染公约》开始到现在，国际社会和各国政府海洋环境保护的意识日益增强，对海洋环境保护重要性的认识也不断提高，带来了国际海洋环境保护的法律机制的建立和逐步完善。从早期的防止船舶运行带来的污染、油类污染到1982年联合国《海洋法公约》对海洋环境保护与保全的全面规定，从事后的污染处理到注重事先预防，从单纯的防治污染到保护海洋资源，关于海洋环境保护与保全的国际公约越来越多，有关的国际组织与机构的数量与作用也在增强。

国际社会尝试通过立法来保护海洋环境的努力可以追溯到20世纪初，❶但由于经济、政治等种种原因，在20世纪50年代以前，这些努力都没有成功。国际上第一个关于海洋环境保护的公约是1954年在伦敦召开的海洋油污国际会议上签订的《国际防止海洋油污染公约》，它的签订标志着海洋环境保护国际立法的开始。此后，面对海洋环境的日益恶化，国际社会在这方面的国际合作加速了保护海洋环境立法的进程。在五十多年的时间里，海洋环境保护的国际立法经历了一个从无到有、从初步产生到逐步完善的发展历程，并形成了自己的体系。归纳起来，这个发展历程大致可分为三个阶段。

1. 萌芽阶段：从1954年《国际防止海洋油污染公约》的签订到1972年人类环境会议之前

1954年《国际防止海洋油污染公约》签订后的十几年中，国际上没有再专门针对海洋环境保护做出新规定。1967年3月18日发生的托利·坎永号（Torrey Canyon）油污事件，对国际社会的震动很大。各国政府和有关国际组织认识到，必须在一个国际的水平上采取更多的行动来保护海洋环境。这一事件的直接后果是1969年在布鲁塞尔召开会议，通过了《国际油污损害民事责任公约》和《国际干预公海油污事故公约》以及1971年通过的《设立国际油污损害赔偿基金的国际公约》。

这一阶段，国际社会对海洋环境保护的重要性和必要性还缺乏普遍的重视，对海洋环境的复杂性和清除污染的长期性艰巨性也缺乏足够的认识，条约调整的内容主要针对污染物和事故的原因采取专门措施，多局限于控制船舶造成的油污污染，对污染的管辖权仍坚持传统的船旗国管辖。❷

---

❶ 杜大昌. 海洋环境保护与国际法［M］. 北京：海洋出版社，1990：3.
❷ 宿涛，刘兰. 海洋环境保护：国际法趋势与国内法发展［J］. 海洋开发与管理，2002（2）：10.

2. 发展阶段：从1972年人类环境会议开始到1982年《联合国海洋法公约》的签署

1972年斯德哥尔摩人类环境会议是国际环境保护发展史上的重大事件。会议通过了《人类环境宣言》和《人类环境行动计划》，这被认为是国际环境法发展的一个重要里程碑。海洋环境保护是这两个文件的重要内容之一。根据此次会议建议而成立的联合国环境规划署，从1974年开始发起了区域海洋项目（UNEP Regional Seas Program），作为管理海洋和海岸资源以及控制海洋污染的一种区域性手段在海洋环境的保护和保全方面作出了有益的贡献。1976年国际海事协商组织（IMCO，该组织于1982年改名为国际海事组织，即IMO）还成立了一个临时委员会，专门主持有关海洋环境保护及污染防治的立法方面的工作。

这一时期签订的海洋环境保护条约很多，全球性的主要有：1972年《防止倾倒废物及其他物质污染海洋公约》、1973年《国际干预公海非油类物质污染议定书》等。此外，还有大量的区域性条约：1972年《防止船舶和航空器倾倒污染海洋的公约》、1974年《防止陆源物质污染海洋公约》、1974年《波罗的海海洋环境保护公约》、1976年《保护地中海免受污染公约》、1978年《合作防止海洋环境污染的科威特区域公约》。

这一阶段签订的条约数量急剧增加，使有关海洋环境污染控制的国际立法得到迅速发展，并且开始针对特殊生态系统采取全面的保护，最为典型的是北海和波罗的海的保护，尤其是联合国环境规划署1974年开始的区域海洋项目。这时期的主要特点是：条约的调整内容开始以倾废为中心，对各种来源的海洋污染进行全面控制，出现了从单一性向综合性发展的趋势；条约中的一些规则已经开始超越传统国际法，打破了传统的以船旗国管辖为主的原则；一些条约都包括了较为严格具体的执行条款，对修订程序的规定也较为灵活，使得条约更易于执行，更能适应不断变化的情势。

3. 成熟阶段：从1982年《海洋法公约》签署到现在

1982年，被称为"海洋宪章"的《海洋法公约》签署，公约第十二部分以"海洋环境的保护与保全"为标题，对海洋环境的保护作了重要的原则性规定，第一次将海洋环境的保护与整个国际海洋问题和海洋法紧密地联系在一起。公约的签署在海洋环境保护方面具有特别重要的意义，它说明国际社会经过二十多年的探索和努力，对海洋环境已经有了更全面的认识，在海洋环境立法上已经可以就一些重要事项达成一致。公约建立了一个全球海洋环境保护的法律体系，为各国及区域的海洋环境立法提供了依据和指南。从公约的规定我们可以看到，海洋环境的保护已经从初期的单项治理发展为综合的预防和防治；从双边、多边到区域、分区域一直到全球合作，充分体现了海洋环境保护的综合性、整体性和合作性的特点。

1992年里约热内卢环境与发展大会通过的《21世纪议程》在第17章"保护大洋和各种海洋，包括封闭和半封闭海以及沿海区，并保护、合理利用和开发其生物资源"中就海洋环境的保护提出了综合管理沿海区域的原则和相应的法律、技术等实施措施。《21世纪议程》在17章导言中指出："海洋环境（包括大洋和各种海洋以及邻接的沿海区）是一个整体，是全球生命支持系统的一个基本组成部分，也是一种有助于实现可持续发展的富贵财富。为实现可持续发展的总体目标，《21世纪议程》的每一章都确定了各自的主要方案领域和一些具体目标。

这个阶段的海洋环境保护条约不管是全球性的还是区域性的都不胜枚举，且内容涉及海洋环境保护的各个方面，海洋环境保护的国际立法进入了一个相对成熟完善的阶段。

三、海洋环境保护的国际法体系及相关国际组织

（一）海洋环境保护的国际法律体系

国际海洋环境保护的法律体系是指保护和保全海洋环境的各种国际法律文件组成的，具有内在有机联系的法律制度。从法律渊源的角度来看，主要有国际条约、国际习惯、一般法律原则等，当然也包括司法判例、国际组织的决议等辅助资料。就条约的缔约方而言，有全球性、区域性和双边条约；从条约的内容来看，有像《海洋法公约》这样的综合性条约，更多的则是专门性的条约。主要包括关于陆源污染防治的条约、海洋倾倒防治的条约、船舶污染防治的条约、海洋生物养护与管理的条约、海洋生物多样性保护的条约、海洋自然与文化遗产保护的条约等。

在海洋环境保护方面，区域海洋环境的保护是非常重要的，形成了分别适用于特殊地理区域的海洋环境保护条约体系，比如北海、波罗的海。联合国环境规划署成立之初制订的海洋计划主要在区域海洋推行，因为在区域海洋，沿海国有着共同的利益和需求。这些区域条约可以分为两大类：一类旨在保护和保全海洋环境防止污染；另一类旨在组织有关国家在紧急情况下进行合作。[1]

除了有法律拘束力的文件之外，如同国际环境法的其他领域，在海洋环境保护领域也有大量的没有法律拘束力的文件，这些文件可能会以方案、指南、指导、建议等不同的名称出现，往往是有关国际组织或国际会议通过的文件，虽然没有法律拘束力，但对于海洋环境保护法的发展起了重要的推动作用，一方面它们是起草一些条约的重要参考，另一方面也成为相关国家或国际组织行为的重要指导。

除了国际层面的法律文件外，各国从遵守和履行参加的国际条约的角度或是单纯从国内法进行规制的角度出发，还有大量的国内法层面上的法律规范。这些共同构成了当前国际海洋环境保护的法律体系。

（二）相关国际组织

海洋环境的国际化促使人类开始寻求在全球范围内对海洋环境问题进行保护、协调和管理，保证各方在此问题上能进行有效的合作。在这个过程中，国际组织尤其是政府间国际组织发挥了重要的作用。

1. 联合国

联合国第三次海洋法会议通过的1982年《海洋法公约》为海洋环境保护的国际合作奠定了坚实的国际法基础。之后于1992年在里约热内卢召开了环境与发展大会，通过了《21世纪议程》。《21世纪议程》第17章专门对海洋

---

[1] 亚历山大·基斯. 国际环境法 [M]. 张若思, 译. 北京：法律出版社, 2000：176.

环境保护作出了规定，为海洋环境保护的国际合作指明了方向。《21世纪议程》第17章在谈及加强包括区域在内的国际合作和协调问题时指出："在执行与海洋、沿海区和大洋有关的方案领域中的战略和活动时，国家、区域、分区域和全球各级需要有效的体制安排。"

联合国秘书处法律事务司下设的海洋事务和海洋法司是处理海洋事务的专门机关，就《联合国海洋法公约》及相关的协定、一般的海洋和海洋法问题以及与海洋研究和法律制度有关的具体事项提供咨询意见、研究报告、协助和信息；负责提供海洋法律等方面的咨询服务，并为各国环境保护提供信息及技术支持，同时加强与其他组织在海洋事务方面的合作，密切关注有关公约、海洋事务和海洋法的一切事态发展，并每年就此向联合国大会提交报告。

2. 环境规划署

环境规划署是联合国环境保护的专门机构，其使命是激发、推动和促进各国及其人民在不损害子孙后代生活质量的前提下提高自身生活质量，领导并推动各国建立保护环境的伙伴关系。❶它的任务在于协调联合国的环境计划、帮助发展中国家实施利于环境保护的政策以及鼓励可持续发展，促进有利环境保护措施的落实。

环境规划署的工作范围包括地球大气层、海洋和陆上生态系统，涉及人类设施、人类健康、陆地生态系统、海洋、环境和发展、自然灾害等活动领域。在每个领域，都可以采取三种行动：环境评价、环境管理和支持措施。其工作方法主要是制定规划，可分为三个阶段。第一阶段，收集关于环境问题和为解决问题进行努力的信息，根据这些信息，理事会每年选择特殊的主题，这些主题随后被列入行政理事会提交给下次会议的环境状况报告中。第二阶段包括制定目标和实施具体行动的策略，将环境规划提交给有关的国际组织及政府。第三阶段，选择将受到环境基金资助的活动，优先资助能起到推动和协调作用的活动。

---

❶ 环境规划署网站［EB/OL］. https://www.unenvironment.org/zh-hans/guanyulianheguohuanjingshu ［2019-2-8］.

在海洋环境保护方面，环境规划署于1995年通过了《保护海洋环境免受陆源活动影响全球行动纲领》，这是一个保护海洋、港湾和沿岸水域不受陆地人类活动影响的文件。该行动纲领号召各成员方制订国家和区域的行动计划（即 National Programme of Action，NPA 和 Regional Programme of Action，RPA）。

此外，环境规划署于1974年启动了区域海洋项目（UNEP Regional Seas Programme），该项目作为管理海洋和海岸资源以及控制海洋污染的一种区域性手段，曾多次受到环境规划署理事会的肯定。区域海洋项目目前由14个海区构成，按照地理区域分为：地中海、西非和中非、东部非洲、东亚海、南亚海、西北太平洋、波斯湾和阿拉伯湾、红海和亚丁湾、南太平洋、东南太平洋、泛加勒比海、黑海、东北大西洋、波罗的海，已有140多个沿海国家和地区参加了该项目。❶

3. 国际海事组织

国际海事组织是联合国专门机构，其宗旨是促进各国间的航运技术合作，鼓励各国在促进海上安全，提高船舶航行效率，防止和控制船舶对海洋污染方面采取统一的标准，处理有关法律问题。除了大会、理事会和秘书处外，国际海事组织下设五个专门委员会，分别为海上安全委员会、海上环境保护委员会、法律委员会、技术合作委员会和促进委员会。

国际海事组织一直把"让海洋更清洁，让航行更安全"作为其神圣的奋斗目标，体现了国际社会对海洋环境保护的重视。该组织成立以来，在海洋环境保护制度的构建及国际合作方面作出了突出的贡献，涉及的海洋环境保护领域主要是船舶污染、油污、倾倒等方面（具体后面章节会有详细介绍）。国际海事组织先后起草通过了大量的公约、议定书等法律文件，包括与此相关的一些规则和建议，极大地推动了海洋环境保护国际立法工作的前进，同时在促进国家间的海洋技术合作与援助方面也做出了巨大努力，成为一个举足轻重的海洋环境保护的国际组织。

---

❶ 环境保护部网站［EB/OL］. http://www.zhb.gov.cn/inte/hzxm/200211/t20021118_83402.htm［2019-2-8］.

4. 粮食和农业组织

同样是联合国专门机构的粮农组织努力的核心是实现人人粮食安全，确保人们正常获得积极、健康生活所需的足够的优质食物；其职能是提高营养水平，提高农业生产率，改善乡村人口的生活和促进世界经济发展。

除总干事办公室、综合服务人力资源及财务部外，粮农组织下设六个具体领域的工作部门：农业及消费者保护部、经济及社会发展部、渔业及水产养殖部、林业部、自然资源管理及环境部、技术合作部。其中渔业及水产养殖部专门设立渔业和水产养殖资源利用及养护司，该司可以有效识别和评估世界所有管辖区海洋和内陆生态系统水生生物资源，制定和实施管理方法与战略，向粮农组织成员提供咨询帮助和信息，确保与渔业及水产养殖相关国际政府间组织的合作及协调。❶ 为促进长期的可持续渔业，1995 年粮农大会通过了《负责任渔业行为守则》，目的是实现渔业在食物、就业、休闲、贸易、生态系统和社会经济福利利益的最优化，使世界人民受益。

此外，全球环境基金、世界银行等也为海洋环境保护提供了重要的资金支持。

在海洋环境保护方面，国际组织所行使的职能主要有：❷

（1）进行比较法和国际法的研究，向不同国家提供建议、指导路线和法律范本等；

（2）交换有关国内和国际项目及研究成果的信息，包括将获得的信息进行综合；

（3）制定规则，这些规则可以是建议、有拘束力的决定、条约草案、国际规章等；

（4）监督规则的实施，通常是由国家来保证规则的实施并向国际组织汇报国内机构实施这些规则的情况。

（5）管理自然资源。由国际组织来管理自然资源无疑是在海洋环境保护领域进行国际合作的最高形式，但这方面的实践还比较少。

---

❶ 联合国粮农组织网［EB/OL］. http://www.fao.org/fishery/about/organigram/zh［2019-2-8］.

❷ 参见亚历山大·基斯. 国际环境法［M］. 张若思，译. 北京：法律出版社，2000：128-129.

四、1982年《海洋法公约》关于海洋环境保护的规定

1982年《海洋法公约》是关于海洋制度的法典,被称为"海洋宪章"。公约第十二部分"海洋环境的保护和保全"对防止海洋环境污染的法律问题作了系统详尽的规定,是迄今最全面的关于海洋环境保护的国际法律制度,标志着保护海洋环境的国际立法已经基本健全。第十二部分共分十一节44条,包括:一般规定、全球性和区域性合作、技术援助、监测和环境评价,防止、减少和控制海洋环境污染的国际规则和国内立法,执行,保障办法,冰封区域、责任和赔偿义务、主权豁免、关于保护和保全海洋环境的其他公约所规定的义务。此外,在该公约中的其他部分,比如,各个海域的规则中也有涉及环境保护与保全的条款。

(一) 一般规定

《海洋法公约》首先在第1条就海洋环境污染下了定义:海洋环境污染是指人类直接或间接把物质或能量引入海洋环境,包括河口湾、以致造成或可能造成损害生物资源和海洋生物、危害人类健康、妨碍包括捕鱼和海洋的其他正当用途在内的各种海洋活动、损坏海水使用质量和减损环境优美等有害影响。

《海洋法公约》第十二部分首先规定了颇有宣言性质的一般原则:各国有保护和保全海洋环境的义务(第192条);资源的开发应符合这个目标(第193条);各国应采取防止、减少和控制海洋环境污染的措施(第195条);不应将损害或危险转移或将一种污染转变成另一种污染(第195条)。这些规定重申了在国际环境与发展会议上产生的原则,可以作为海洋环境保护的基础。

(二) 国际合作的法律制度

鉴于海洋环境保护的全球性和区域性特点,《海洋法公约》对全球性和区域性的的海洋环境保护合作做了明确规定,形成了海洋环境保护的国际合作

法律制度。

(1) 在拟定和制定有关国际海洋环境保护的的国际规则、标准、建议时进行国际合作,在全球性或区域性的基础上,直接或通过主管国际组织进行合作(第197条)。

(2) 建立通知制度的应急计划制度,在发生海洋环境污染的情况时进行国际合作。当一国获知海洋环境有即将遭受污染损害的迫切危险或已经遭受污染损害的情况时,应立即通知其认为可能受这种损害影响的其他国家以及各主管国际组织,以便及时采取防治海洋环境污染的措施(第198条)。接到关于海洋环境有即将遭受污染损害的迫切危险或已经遭受污染损害的情况时,受影响区域的各国,应按照其能力,与各主管国际组织尽可能进行国际合作,以消除污染的影响并防止或尽量减少损害。为此目的,各国应共同发展和促进各种海洋污染应急计划,在应付海洋污染事故方面进行国际合作,以有效应付海洋环境污染事故、减少损失(第199条)。

(3) 建立情报交换制度,在研究、研究方案及情报和资料的交换方面进行国际合作。必要的情报和信息资料是防治海洋污染的前提,科学技术手段是防止海洋污染的主要手段。各国应直接或通过主管国际组织进行合作,以促进研究、实施科学研究方案,鼓励交换所取得的关于海洋环境污染的情报和资料。各国应积极参加区域性和全球性方案,以获得有关防治海洋污染、鉴定海洋污染的知识(第200条)。

(三) 技术规定

1. 促进对发展中国家的科学和技术援助

首先要制定切实有效的援助方案,各国应直接或通过主管国际组织,促进对发展中国家的科学、教育、技术和其他方面援助的方案,以保护和保全海洋环境,并防止、减少和控制海洋污染。援助方案的内容包括:训练其科学技术人员;便利其参加有关的国际项目;向其提供必要的装备和便利;提高其制造这种装备的能力;就研究、监测、教育和其他方案提供意见并发展设施。其次是当发生海洋污染事故时,要对发展中国家提供适当的援助,以尽量减少可能对海洋环境造成严重污染的重大事故的影响。还要对发展中国家提供关于编制环境评价的适当援助（第202条）。此外，还要对发展中国家实行优惠待遇（第203条）。

2. 海洋环境监测和评价制度

（1）海洋环境监测制度。各国应在符合其他国家权利的情形下，在实际可行范围内，尽力直接或通过主管国际组织，用公认的科学方法观察、测算、估计和分析海洋环境污染的危险或影响；应特别注意不断地监视其所准许或从事的任何活动的影响，以便确定这些活动是否可能污染海洋环境（第204条）。各国应发表海洋环境监测报告，或每隔相当期间向主管国际组织提出这种报告；各有关组织应将此类报告提供给所有国家（第205条）。

（2）海洋环境评价制度。各国如果有合理根据认为在其管辖或控制下的计划中的活动可能对海洋环境造成重大污染或重大和有害的变化，应在实际可行范围内就这种活动对海洋环境的可能影响做出评价，并依照《海洋法公约》规定的方式报送这些评价结果的报告（第206条）。

（四）海洋污染防治的措施

防止、减少和控制污染是适用于一切污染来源的原则。《海洋法公约》列出了几种不同形式的污染：陆地来源污染（第207条）、海底活动造成的污染（第208条、209条）、倾倒造成的污染（第210条）、来自船舶的污染和来自大气的污染（第211条）。无论是何种形式的污染，《海洋法公约》都要求各国制定法律和规章，以防止、减少和控制污染。

公约还要求各国至少在区域一级协调国内法，国内的法律、规章和措施的效力应不低于国际规则、标准和程序。这些国际规则、标准和程序应通过主管国际组织或外交会议予以制定。受到海洋事故污染威胁的国家同样可以在公海进行干预。

批准或参加《海洋法公约》的国家都有义务将公约的规则规定在国内法中。公约不仅使过去只在区域范围适用的原则、规则在全球适用，而且使这些原则、规则对所有批准国具有拘束力，从而增加了针对不同污染形式的专门性公约的意义。对各国国内海洋环境立法提出明确而具体的要求，要求各国将《海洋法公约》确立的防止、减少和控制海洋环境污染的国际规则转化为国内立法，是《海洋法公约》取得的重大成就。❶

(五) 管辖权的规定

海洋环境污染的管辖是一个涉及在不同海域发生不同来源的污染行为应由哪个国家管辖和以什么标准进行管辖的问题。❷ 某种违反国际规则和国际公约的污染行为在某个海域内发生后，应由哪个国家来管辖？这个问题至今尚未得到很好的解决。至于管辖的标准，即以什么标准制定和执行防止、减少和控制海洋污染的法律的规章，也一直存在争论。在第三次海洋法会议上，第三委员会关于海洋环境污染问题的讨论主要是围绕管辖问题进行的。第三次海洋法会议之前，对船舶污染源的管辖一直实行传统的船旗国管辖原则。根据这一原则，船旗国有较宽的管辖权，沿海国和港口国的管辖权极为有限。第三次海洋法会议前夕，讨论制定1973年《国际防止船舶造成污染公约》时，以船旗国为主的管辖制度才有所改变。在第三次海洋法会议上，经过激烈争论，终于打破了船旗国独自管辖的传统制度，《海洋法公约》基本上采取了船旗国、沿海国和港口国相结合的管辖原则，但是，几种管辖权并未完全平衡，公约中的某些条款仍对船旗国有利。

1. 船旗国的管辖权

《海洋法公约》第211条第2款规定，各船旗国应制定法律和规章，以防止、减少和控制其船舶对海洋环境的污染。这种法律和规章至少应具有与一般接受的国际规则和标准相同的效力。公约是以船旗国义务的形式规定了船旗国的执行权。有学者认为：公约做这样的规定是十分明智的，因为只有当一个国家意识到它有义务时，才会利用其权利认真地实施关于防止海洋污染的法律和规章。❸

---

❶ 蔡守秋, 何卫东. 当代海洋环境资源法 [M]. 北京：煤炭工业出版社, 2001：202.
❷ 魏敏. 海洋法 [M]. 北京：海洋出版社, 1990：3. 法律出版社, 1987：297.
❸ 转引自林灿铃. 国际环境法 [M]. 北京：人民出版社, 2004：385.

根据《海洋法公约》第 217 条规定，船旗国应确保其控制下的船舶遵守可适用的国际规则和标准以及各国按照公约制定的法律和规章，特别应采取适当措施，以确保悬挂其旗帜或在其国内登记的船舶，在遵守有关污染的国际规则和标准的规定，包括关于船舶的设计、建造、装备和人员配备的规定以前，禁止其出海航行。船舶应持有所要求的证书并接受定期检查。如果船舶违反国际规则和标准，船旗国应着手进行调查，并在适当情形下提起司法程序，不论违反行为在何处发生，也不论这种违反行为造成的污染在何处发生或发现。各国的法律和规章对悬挂其旗帜的船舶所规定的处罚应足够严厉，以防止违反行为在任何地方发生。《海洋法公约》第 228 条还规定，船旗国如果在其他国家对其船只的违反行为提起司法程序最初六个月内，就同样控告提出加以处罚的司法程序，其他国家应立即暂停进行司法程序，除非这种程序涉及沿海国遭受重大损害的案件或有关船旗国一再不顾其对本国船舶的违反行为，有效地执行可适用的国际规则和标准的义务。此规定表明，船旗国管辖权在某种程度上优先于沿海国和港口国的管辖权。

可见，《海洋法公约》在很大程度上保留了传统的船旗国管辖原则。不过，实践中，不少船旗国包括但不仅仅是方便船旗国不遵守国际义务，因此，《海洋法公约》加强了由于地理位置与海洋污染有关的国家的管辖权。

2. 沿海国的管辖权

《海洋法公约》扩大了沿海国的海洋污染管辖权。为了不妨碍领海内无害通过权和专属经济区内自由航行的权利，《海洋法公约》对管辖权的实施作了严格的限制。公约规定，沿海国在对外国船舶行使管辖权时，不应危害航行的安全或对船舶造成任何危险，或将航船带到不安全的港口停泊地，并应在海上对船舶进行不必要的实际检查（第 225、226 条）。公约第 230 条还规定，对于外国船只在领海以外的违章排放行为，仅可处以罚款；对于外国船只在领海以内的违章排放行为，一般情况下也仅可处以罚款。

沿海国在保护其领海和专属经济区的海洋环境方面享有广泛的管辖权，包括相应的制定法律规章的权力。《海洋法公约》第 21 条第 1f 款和第 56 条第 1b（3）款已经对沿海国在这两个区域的管辖权作出了一般性规定。

对于在领海和专属经济区的废物倾倒，公约规定只有得到沿海国的明示核准才能进行（第210条第5款）。

沿海国对其领海和专属经济区内来自船舶的污染进行立法的权力也分别由《海洋法公约》第211条第4、第5两款作出了规定。沿海国对其领海制定的法律和规章不得阻碍外国船只的无害通过，同时不应适用于外国船舶的设计、构造、人员配备或装备（第21条第2款）；而对其专属经济区制定的法律和规章则应符合一般接受的国际规则和标准并使其有效。

对于沿海国的执行管辖权，《海洋法公约》第220条区分了几种可能性。（1）当船舶自愿位于一国港口或岸外设施时，该国对在其领海或专属经济区内发生的任何违反关于防止、减少和控制船舶造成的污染的该国的法律和规章或国际规则和标准的行为，可以提起司法程序。（2）对于在一国领海内航行违反该国有关法规的船舶，该国可对该船进行实际检查，在证据确凿的情况下，可根据该国法律提起司法程序，包括扣留该船。（3）对于在一国领海和专属经济区内航行的船舶违反适用于专属经济区的规则，沿海国可要求该船提供关于该船的识别标志、登记港口、上次停泊和下次停泊的港口，以及其他必要的有关情报，以确定是否已有违反行为发生。（4）如果沿海国有充分理由认为上述船舶的违反行为导致大量排放，该国可对该船进行实际检查。（5）如果这种排放对沿海国的海岸或有关利益或其海洋资源造成重大损害或有造成重大损害的威胁，在有充分证据时，该沿海国可按照其国内法提起司法程序，包括扣留该船。（6）如果有适当程序确保该船提供保证金或其他适当财政担保，沿海国应准许该船继续航行。

3. 港口国的管辖权

考虑到停靠港在海运上的重要作用，以及一些船旗国不愿对它们本国的船舶实施管辖，港口国的管辖对于保证国际防污规则和标准的实施是非常必要的。《海洋法公约》确认港口国有一定程度的管辖权，但同时又规定了许多限制条件。公约一方面规定，港口国可以制定关于防止、减少和控制海洋污染的特别规定，明确作为外国船只进入港口或内水或在其岸外码头停靠的条件。港口国如果作出特别规定，应通知主管国际组织并妥为公布；另一方面又规定，外国船只在驶入作出特别规定国家的港口时，应作出是否遵守该国有关进入港口规定的通知（第211条第3款）。

根据《海洋法公约》第218条，港口国对自愿位于其港口或岸外设施的外国船只拥有管辖权。对于该船只违反可适用的国际规则和标准在公海的任何排放，该港口国可以进行调查，并可在有充分证据的情形下，提起司法程序。对于在另一国内水、领海或专属经济区内发生的违章排放行为，港口国提起司法程序的前提是该另一国的请求或违反行为已经或可能对该港口国的内水、领海或专属经济区造成污染。港口国还应满足任何其内水、领海或专属经济区遭受污染的国家和船旗国提出的调查请求。此外，对于违反关于船只适航条件的可适用的国际规则和标准，从而有损害海洋环境威胁的外国船只，港口国应阻止该船航行，直至违反行为的原因消除（第219条）。

在港口国管辖基础上，国际海事组织设计和开发了港口国控制（PSC，port state control）制度，由港口国检验船舶状态与设备是否满足国际规定，是否按照规定运营，港口国要通过检查停靠自己港口的国外船舶，确认其船舶无缺陷后方允许其航行。它是在社会及船旗国管理没有能够满足国际海洋协定的各种要求的时候产生的，是为了使港口国保护自己领海内的船舶并预防其海域内污染而产生的，是港口国对船旗国管辖的补充。

为了使这种检查系统化，实践中不同国家的港务机构缔结了区域性的谅解备忘录，以改善和协调港口国的检查，避免港口之间的不正当竞争，这样的协议还可以防止可能导致国际冲突的单方面行为。1982年1月26日，西欧国家的港务机构在巴黎通过了《由港口国监督船舶的谅解备忘录》（Memorandum of Understanding on Port State Control），同年7月，作为全球第一个区域性港口国监督备忘录组织——巴黎备忘录开始正式运行，其目的是在缔约国港口内实施关于船舶安全和防止污染的国际公约，协调控制可能污染海洋环境的危险船舶。这个制度取得了一定的成效。国际海事组织于1991年召开的第17次大会上通过了A.682（17）决议（在船舶排放和控制方面加强地区合作），该决议以实行PSC的巴黎备忘录为榜样，要求全球各地区建立类似的PSC备忘录组织，其成员方应做出安排，相互合作，共同建立全球性的港口国控制组织网，以减少直至消除低于标准的船舶的航行。其后，其他区域性港口国监督谅解备忘录组织陆续成立运行，截至目前，全球已成立9个区域性港口国备忘录组织，加上美国海岸警卫队独立实施的 PSC 机制，全球共十个 PSC 检查机制独立运行。港口国监督区域性合作组织发展到现在，从开始的西北欧地区到亚太地区、南北美地区、环地中海地区、环印度洋地区、黑海地区、西非海岸等地区，已基本覆盖了全球。❶

五、当前公海环境的热点问题——海洋垃圾和海洋塑料

（一）海洋垃圾

早在1995年联合国环境规划署（UNEP）通过的《保护海洋环境免受陆上活动污染全球行动纲领》中，就将海洋垃圾（Marine Litter）列为九类海洋污染源之一。❷ 2005年环境规划署对海洋垃圾的定义为"海洋和海岸环境中具有持久性的、人造的，或经加工的固体废弃物❸"。从这个定义中我们可以看出：首先，海洋垃圾主要为固体废弃物，其中又以塑料物质最为显著；其次，这些固体废弃物的产生源为人类的生产与生活行为，因此由陆地排向海洋的固体废弃物成为海洋垃圾的主要组成部分。在海洋垃圾的含义中蕴含了其形成的过程，就是人类的生产与生活行为，而海岸带工业的发展、海岸城市消费的增长，以及各种海上活动的加剧，不可避免地产生了大量的海洋垃圾。

海洋垃圾的主要来源有陆源和海源两种。陆源垃圾主要有垃圾填埋、河流和洪水、工业排污口、雨水渠排放、未经处理的城市污水、海滩沿海区域的（旅游）垃圾等；海源垃圾主要有渔业和水产养殖、船舶、海上平台的开发活动、非法海上倾倒等。❹ 在这些活动中，对于船舶的垃圾处理已经有国际

---

❶ 孙玉杰. 全球港口国谅解备忘录组织简介［J］. 中国海事，2017（5）：53.

❷ United Nations Environment Programme（UNEP）(1995): Global Programme of Action for the Marine Environment from Land-based Activities. Para 21.

❸ United Nations Environment Programme（UNEP）(2009): Marine Litter: An Analytical of Overview. p3.

❹ http://ec.europa.eu/environment/marine/good-environmental-status/descriptor-10/index_en.htm.

海事组织通过的《1973年国际防止船舶造成污染公约的1978年议定书》（MARPOL 73/78）附则5"船舶垃圾污染规则"加以约束和管理，其他来源的海洋垃圾，基本都没有相关的国际法律文件加以规定。由于海洋垃圾的污染源比较多来自各国管辖范围内的活动，鉴于各国的经济发展程度不同、环境保护的意义和法律也存在较大的差异，所以并没有也不易形成全球统一的垃圾污染防治制度，这也应该是导致现在海洋垃圾不断增长的主要原因。严格地说，目前国际法并不能包括全球环境问题治理的全部内容，只是构成了其最主要和最有价值的部分，是全球环境问题治理的主干和基石。❶

环境规划署在2006年出版的报告中针对海洋垃圾的现状指出："尽管国家和国际社会一直在努力控制，海洋垃圾问题还是在持续。由于海洋环境中的垃圾大部分不易分解，所以不断聚积，数量持续增长。"❷ 在美国加利福尼亚和夏威夷之间的太平洋水域堆积了近8万吨垃圾，形成了面积超过160万平方公里的大太平洋垃圾带，相当于3个法国本土面积之和，也有人称之为"第八大陆"，可怕的是，这个"垃圾岛"还在以超出科学家预期的速度不断扩大。❸ 这些漂浮垃圾中，多数是塑料垃圾，因为塑料的不可降解和质量轻的特点，使其成为海洋垃圾中的主力军，成为近几年国际社会关注海洋环境的重点问题。

（二）海洋塑料

塑料来自于石油，形式多变而耐用，自1907年发明后，从20世纪50年代开始大规模使用至今。塑料给人类的生活带来了根本性的改变，成为人类生产和生活中用途最多的材料之一。这样的塑料革命也伴随着沉重的代价，我们消耗使用的每一片塑料，都有可能流入大海，从北极到南极，从地表到地下沉积物，在科学家们所能观察到的每一处海域中都能发现塑料的踪迹。

---

❶ 张小平. 全球环境治理的法律框架 [M]. 北京：法律出版社，2008：6.

❷ United Nations Environment Programme（UNEP）(2006)：The State of the Marine Environment：Trends and Processes：28.

❸ 汤佳丽. 美国附近的太平洋垃圾岛已有3个法国那么大 [EB/OL]. http://cnews.chinadaily.com.cn/2018-04/04/content_35976805.htm [2019-2-10].

海洋环境中的塑料会逐渐破碎，小于5毫米的微塑料被科学家称为"海洋中的PM2.5"。微塑料可被浮游动物、贝类、鱼类、海鸟和哺乳动物等海洋生物摄食，对其生长、发育和繁殖等产生不利影响。研究发现，在欧洲，通过食用贝类，每人每年摄入的微塑料可高达11000个，我国海盐中微塑料含量最高可达681个/千克。海洋塑料和微塑料已经进入人类的食物链中，严重影响到海洋生态系统安全和人类健康，因此得到了国际社会和各国的普遍深切关注。2016年，第二届联合国环境大会将海洋塑料垃圾和微塑料列为与全球气候变化、臭氧耗竭和海洋酸化等并列的重大全球环境问题。海洋塑料不仅对海洋生物和人体健康存在潜在威胁，还涉及跨界污染、产业结构调整和国际治理等问题，如何减少和治理海洋中的塑料垃圾，一直是个世界难题。

联合国环境规划署（UNEP）是较早关注海洋塑料的国际组织，其与联合国教科文组织下属的政府间海洋学委员会（UNESCO—IOC）合作制定了调查和监测海洋垃圾的指南，向世界各国宣传并普及海洋塑料垃圾的危害性，希望各国能积极合作，加入海洋塑料污染的防治行动。2011年，UNEP和NOAA共同举办了第五届国际海洋废弃物会议，[1]旨在对各区域海洋中废弃物进行数量控制，积极治理海洋塑料污染，尤其是从全球各区域层级出发，解决海洋塑料垃圾污染的治理问题，控制海洋塑料污染的主要来源。2012年6月，海洋垃圾全球合作伙伴（GPML）[2]成立，旨在对海洋塑料污染情况进行控制，在此基础上，减少海洋塑料污染，严格控制污染来源。[3] GPML推进的项目主要有三类：一是区域行动计划（Regional Action Plan），正在进行的有地中海、大加勒比海、波罗的海、西北太平洋、东北太平洋（OSPAR）、东南太平洋、东亚海、南亚海、红海和亚丁湾；二是国家行动计划（National Action Plans），有印度尼西亚和尼日利亚；三是国家区域、州和市政行动计划（In-Country Regional, State and Municipal Action Plans），主要有美国的佛罗里达、弗吉尼

---

[1] The Fifth International Marine Debris Conference.
[2] Global Partnership on Marine Litter [EB/OL]. http://marinelitternetwork.com/ [2019-2-10].
[3] 温源远，等. 海洋塑料污染防治国际经验借鉴 [J]. 环境保护，2018（8）：68.

亚、夏威夷、俄勒冈、大湖地区。❶ 目前，UNEP 正敦促各国政府禁止使用塑料袋或对塑料袋进行征税，限制在化妆品中添加塑料微珠，并采取行动反对一次性包装。2017 年，UNEP 将海洋污染和塑料垃圾列为其重点关注的七大优先领域之一，期待继续消除塑料微珠使用，直至实现全球禁令，并推动建立更多海洋保护区。

2018 年 9 月，在日内瓦召开的《控制危险废物越境转移及其处置巴塞尔公约》（以下简称《巴塞尔公约》）不限成员名额工作组第 11 次会议（OEWG. 11）上，挪威提出了一个新的建议：在该公约的附录 2 中增加塑料废物，将其列入受该公约贸易管制的废物清单。❷ 对于加入《巴塞尔公约》的国家而言，此建议意味着"未经出口、过境和进口国主管当局的事先通知和同意，将不再进行所有塑料废物的运输。而对于非巴塞尔缔约国家，例如美国，其后果也将更具影响力。目前的《巴塞尔公约》是允许塑料废物的越境转移的，主要由进口国和出口国的相关法律政策决定，如中国 2019 年以后将全面禁止进口废塑料，而像"马泰越"等国允许进口废塑料，但需要满足各国的政策及法律规定。一旦挪威提出的修正案审议通过，废塑料越境转移的程序也将改变，《巴塞尔公约》的各缔约国之间将不能随意转移塑料废物，塑料废物的越境转移将受《巴塞尔公约》事先知情同意程序的约束。此次会议还起草了"《巴塞尔公约》关于塑料废物伙伴关系条款草案"，作为进一步协商的基础。❸

联合国也一直在为应对海洋垃圾和塑料作出努力。2017 年 4 月 11 日，联合国举办新闻发布会，宣布在 6 月 4 日庆祝首个世界海洋节（World Ocean Festival），庆典活动将在联合国总部举行。2017 年 6 月 9 日，为期五天的首届

---

❶ Regional action plans on marine litter [EB/OL]. http://marinelitternetwork.engr.uga.edu/global-projects/action-plans/ [2019-2-11].

❷ Decision OEWG-11/7 on Amendments to Annex IX to the Convention and the Intention of Norway [EB/OL]. http://www.basel.int/Implementation/MarinePlasticLitterandMicroplastics/Overview/tabid/6068/Default.aspx [2019-2-11].

❸ Draft terms of reference for the Basel Convention Partnership on Plastic Wastes as a basis for further consultation [EB/OL]. http://www.basel.int/Implementation/MarinePlasticLitterandMicroplastics/Overview/tabid/6068/Default.aspx [2019-2-11].

联合国"海洋大会"在纽约总部落下帷幕,各国纷纷为扭转海洋衰退的趋势做出了自愿承诺,并通过了一项"行动呼吁",显示出全球各国在维持海洋可持续性方面的政治意愿。

2018年世界海洋日(6月8日)的主题为"清洁我们的海洋",联合国秘书长特别强调塑料污染的问题。海洋80%的污染来自陆地,其中包括每年约800万吨的塑料废物,❶每年有100万只海鸟和10万只海洋哺乳动物因塑料污染而丧生,鱼吃塑料,人类吃鱼,对于海洋生物、渔业、旅游业和人类健康造成严重的影响,塑料污染给海洋生态系统造成的损失每年达80亿美元。❷这一趋势如果持续下去,预计到2050年,全球海洋塑料垃圾的总重量将超过鱼类总和,全球99%的海鸟都会误食塑料制品。联合国环境规划署执行主任埃里克·索尔海姆当天也发表讲话,呼吁国际社会防治海洋塑料污染。他说,海洋污染对于沿海国家和居民来说既是环境问题,也是经济问题,更是健康问题。国际社会应加大海洋科技创新力度,以开展更为有效的海洋清理活动,从而减少海洋塑料垃圾污染。联合国教科文组织总干事奥德蕾·阿祖莱说,海洋是全球大多数生物物种的栖息地,但由于海洋资源过度开发、污染以及二氧化碳量的增长,海洋正处于危险状态。全球升温、海洋酸化、海洋死亡区、有害藻类以及海洋生态系统退化等现象,都是人类活动对海洋影响的体现。❸

在区域层面,欧盟走在了世界前列。2013年3月,欧盟委员会发布塑料废品绿皮书,针对塑料制品的循环使用以及研发清洁的塑料制品这两个方面征求公众的意见和建议,绿皮书指出研发新型塑料制品的核心就是要提高塑料用品的利用效率,以减少废弃塑料制品的数量。2018年1月,欧盟委员会通过了首个《欧洲塑料战略》。❹该战略是欧盟范围内首个针对塑料制品的规

---

❶ 联合国秘书长世界海洋日致辞[EB/OL]. https://www.un.org/sg/en/content/sg/statement/2018-06-08/secretary-generals-message-world-oceans-day-scroll-down-french [2019-2-15].

❷ 世界海洋日[EB/OL]. https://www.un.org/zh/events/oceansday/index.shtml [2019-2-15].

❸ 伊民. 世界各地举办活动庆祝"世界海洋日"[EB/OL]. http://www.oceanol.com/guoji/201806/13/c77972.html [2019-2-15].

❹ European Strategy for Plastics in a Circular Economy [EB/OL]. http://ec.europa.eu/environment/waste/plastic_waste.htm [2019-2-15].

划,是欧盟为保护海洋环境、推动塑料产品可循环利用所采取的重要举措。根据该战略,到2030年欧盟成员方将实现所有塑料包装产品的循环利用,减少一次性塑料产品消费,限制在产品中使用微塑料(如在化妆品中添加微塑料)。根据这一新的战略规划,欧盟将在提高塑料回收的经济效益、减少塑料垃圾产生、防治海洋塑料污染、推动投资与创新以及加强国际合作五个方面做出进一步努力。2018年5月,欧盟委员会决定向部分一次性塑料制品说"不",包括塑料棉签、餐具、吸管等;欧盟成员方将不得再免费发放塑料水杯和餐盒,目的就是为了减少其流通。

在国际社会的努力下,各国政府和塑料行业也开始重视此问题。2017年8月,"禁塑令"在肯尼亚全面实施,在肯尼亚境内禁止使用、制造和进口所有用于商业和家庭用途的手提塑料袋和平底塑料袋。警察有权逮捕任何一个手持塑料袋的公民,违者将面临最高4年监禁或4万美元罚款。中国驻肯尼亚使馆提醒中国公民遵守禁塑令,勿携带被禁塑料袋入境肯尼亚,在肯尼亚购物旅行及处理日常生活垃圾时也勿使用被禁塑料袋。❶ 近年来,英国、美国、韩国、加拿大、新西兰等国家相继出台禁令,禁止塑料微珠在个人护理产品中的应用。

根据CNN的报道,从全球角度来看,只有14%的塑料被回收——这一数字大大低于纸制品58%的回收率和钢铁产品90%的回收率。研究表明,到2050年,海洋中塑料制品的总重量甚至要超过鱼类的总重量。2018年4月,包括可口可乐、雀巢、联合利华和宝洁在内的42家企业签署了《英国塑胶契约》(UK Plastics Pact),其中要求的限塑措施包括在未来七年内减少一次性塑料包装、让所有塑料包装可重复使用或回收,以及规定所有塑料包装必须含30%的可回收材料。2018年6月9日,加拿大、法国、德国、意大利、英国和欧盟在七国集团(G7)峰会期间签署了《海洋塑料宪章》,这是一份不具有法律约束力的文件,作为七国峰会成果的附件被正式发布,其中包含多项针对海洋塑料和微塑料的承诺和行动。但是七国集团中美国和日本没有签

---

❶ 肯尼亚禁塑令今日起实施,我驻肯使馆提醒中国公民注意遵守[EB/OL]. http://world.people.com.cn/n1/2017/0828/c1002-29498205.html [2019-2-15].

署这份文件,声称对产业界和消费者影响巨大,还没有做好准备。❶

在我国,很长一段时间出于经济利益的考虑,不断进口洋垃圾。2017年7月,国务院办公厅印发了《关于禁止洋垃圾入境推进固体废物进口管理制度改革实施方案》,要求全面禁止"洋垃圾"入境。2018年1月,我国正式施行禁止"洋垃圾"入境新规,停止进口包括废塑料、未分类的废纸、废纺织原料等在内的4类24种"洋垃圾"。到2019年年底前,将逐步停止进口国内资源可以替代的固体废物。但近年来随着电商、快递、外卖等新业态的发展,塑料餐盒、塑料包装等的消耗量快速上升,造成新的资源环境压力。塑料垃圾被随意丢弃会引起"白色污染",不规范处理塑料垃圾存在着环境风险。对此,国家发改委正在研究制定防治塑料垃圾污染的政策文件,按照"限制一批、替代一批、规范一批"的原则,对不同生产、生活、消费等情形中使用的塑料制品,分领域、分品类制定政策,采取措施。❷

自2007年起,国家海洋局在我国沿海近岸50多个代表性区域组织开展了海洋垃圾监测,2016年又启动了我国的近海微塑料监测。2017年,国家海洋环境监测中心依托海洋化学室成立了"海洋垃圾和微塑料研究中心",开展与海洋垃圾和微塑料监管相关的技术、方法和管理对策研究,以及相关领域国际合作研究,为深度参与全球海洋垃圾和微塑料治理提供技术支撑和公益性服务。近年来,监测中心编制了《海洋垃圾监测技术指南》《海洋垃圾监测与评价技术规程》《海洋微塑料监测评价技术规程》等,为我国海洋垃圾和微塑料监测与评价提供了技术支撑。

2017年,中国第八次北极科考首次把我国的微塑料监测拓展至亚北极和北极海域,中国大洋47航次和44航次科考队首次开展大洋环境下的海洋微塑料监测。海洋环境监测中心还积极开展国际交流与合作。2018年11月,国务院总理李克强与加拿大总理特鲁多在新加坡举行第三次中加总理年度对话。双方认识到,当前人类活动造成的塑料污染给海洋健康、生物多样性及可持

---

❶ 王欢. 美日拒签G7削减海洋塑料垃圾文件,环保组织谴责应感到羞耻[EB/OL]. http://world.huanqiu.com/exclusive/2018-06/12234664.html [2019-2-15].

❷ 为塑料垃圾污染防治建言献策[EB/OL]. http://www.ndrc.gov.cn/yjzx/yjzx_add.jsp?SiteId=147 [2019-2-15].

续发展带来的负面影响,对人体健康构成潜在风险。双方认为,采取可持续的全生命周期法管理塑料,对减轻塑料对环境的威胁,尤其是对减少海洋垃圾具有重要意义。❶

尽管国际社会一直在努力,但不管从国际、区域还是各国国内来看,主要产生于陆地、最终流入海洋的塑料垃圾短期内无法禁止,其数量还会不断增长,所以问题的解决依然任重道远。不过正如欧盟委员会副主席卡泰宁(Jyrki Katainen)在一份声明中所说:"塑料产品很赞,但我们要更负责任地使用它。"❷

---

❶ 中华人民共和国政府和加拿大政府关于应对海洋垃圾和塑料的联合声明[EB/OL]. https://www.mfa.gov.cn/web/ziliao_674904/1179_674909/t1613067.shtml [2019-2-15].

❷ 当我们谈起海洋安全时,最该谈的是什么?[EB/OL]. http://k.sina.com.cn/article_6192937794_17120bb4202000k4nv.html [2019-2-15].

第五章

公海海洋保护区

/第五章/ 公海海洋保护区

如前所述，由于公海自由的法律定位，各国均可在公海自由活动，虽然这些活动都有相关国际法的约束和规制，但随着科学技术的发展和人类活动的增多，公海的海洋生物资源受到了巨大的影响和损害，公海的海域面积又远远大于各国管辖范围内的海域，所以公海的海洋生物及生物多样性保护显得尤其重要，公海海洋保护区应运而生。

世界自然保护联盟（IUCN）❶ 将海洋保护区定义为："任何通过法律程序或其他有效方式建立的，其中部分或全部环境进行封闭保护的潮间带或潮下带陆架区域，包括其上覆水体及相关的动植物群落、历史及文化属性。"❷ 海洋保护区根据其设立位置和范围的不同分为国家管辖范围内海洋保护区和国家管辖范围外海洋保护区，公海海洋保护区（High Seas Marine Protected Areas，以下简称公海保护区）则是指在地理位置上位于国家管辖范围外上覆水体的这一类海洋保护区。

一、有关国际组织对公海保护区的推进

（一）世界自然保护联盟

1962 年世界自然保护联盟在西雅图召开第 1 届世界公园大会（WPC）❸

---

❶ The International Union for Conservation of Nature (IUCN), https://www.iucn.org/about.

❷ Nigel Dudley (ed). Guidelines for Applying Protected Area Management Categories [EB/OL]. https://portals.iucn.org/library/sites/library/files/documents/PAG-021.pdf [2019-02-16].

❸ What is the World Parks Congress? [EB/OL]. https://www.worldparkscongress.org/wpc/about/history [2019-2-16].

· 101 ·

时，通过了设立海洋公园和保护区的决定，第一次正式提出了海洋类型的自然保护区。海洋保护区概念提出的初期发展缓慢，20世纪末叶才受到沿海国家的广泛重视，纷纷设立不同类型的海洋保护区。建立公海保护区的提议开始于20世纪80年代。2000年在安曼召开的第21届世界保护大会[1]呼吁世界自然保护联盟、成员方政府以及相关组织要有效地保护和可持续利用公海海域的生物多样性、特种和生态系统，包括建立公海海洋保护区。2002年联合国可持续发展委员会[2]在约翰内斯堡举行的可持续发展世界峰会[3]通过的《执行计划》中倡议在2012年建成有代表性的海洋保护区网络。

2003年世界自然保护联盟下设的世界保护区委员会（WCPA）[4]和世界自然基金会（WWF）[5]，在西班牙马加拉举办了公海保护区专家工作组研讨会[6]，会议的目标是起草促进国家管辖以外的公海保护区网络的建立和行动计划，通过了《走向公海海洋保护区战略》。[7]

2003年在南非德班召开的第五届世界公园大会上（WPC），最引人注目的海洋主题是建议的第23条"通过建立国家管辖外的海洋保护区来保护海洋生物多样性和生态系统的建议"。[8]呼吁国际社会共同努力，"到

---

[1] About the IUCN Congress [EB/OL]. https://2016congress.iucn.org/press/about-iucn-congress.html [2019-2-16].

[2] Commission on Sustainable Development (CSD) [EB/OL]. https://sustainabledevelopment.un.org/csd.html [2019-2-16].

[3] World Summit on Sustainable Development (WSSD) [EB/OL]. http://www.un.org/events/wssd/ [2019-2-16].

[4] World Commission on Protected Areas (WCPA) [EB/OL]. https://www.iucn.org/theme/protected-areas/wcpa [2019-2-16].

[5] WWF起初代表"World Wildlife Fund"（世界野生动植物基金会）。1986年，WWF认识到这个名字不能反映组织的活动，于是改名为"World Wide Fund For Nature"（世界自然基金会）。不过美国和加拿大仍然保留了原来的名字。[EB/OL]. http://www.wwfchina.org/aboutus.php [2019-2-16].

[6] IUCN, WCPA and WWF experts workshop on high seas marine protected areas, 15-17 January 2003, Malaga, Spain.

[7] Towards a Strategy for High Seas Marine Protected Areas [EB/OL]. http://cmsdata.iucn.org/sites/dev/files/import/downloads/proceedingsgjerde.pdf [2019-2-16].

[8] WPC RECOMMENDATIONS 23 "Protecting Marine Biodiversity and Ecosystem Processes through Marine Protected Areas beyond National Jurisdiction", 5th World Parks Congress, 7-17 September 2003, Durban, South Africa [EB/OL]. http://www.seafriends.org.nz/issues/cons/iucnpas.htm#23.Recommendation 25 [2019-2-16].

2012 年，建立起符合国际法的能够有效管理的国家管辖外的海洋保护区网络系统"。

2013 年在法国召开的第三届国际海洋保护区会议[1]旨在就《生物多样性公约》中提到的，在 2020 年把全球海域的 10% 纳入海洋保护区中这一议题达成协议，并为实现这一目标做了进一步的规划和讨论。

（二）公海联盟

2011 年，世界自然保护联盟和 37 个非政府间成员组建了公海联盟（High Sea Alliance，HSA），致力于保护占地球面积 50% 的公海。该联盟认为，自 2002 年世界可持续发展峰会以来，全球在实现会议制定的 2012 年建成具有代表性的海洋保护区网络的目标方面进展缓慢，尤其是公海保护区建设方面更为滞后，其中一个重要原因是缺乏一个获得国际认可和接纳的确定和管理公海保护区的体制。公海联盟的建立就是努力通过条约谈判产生有力和有效的保护措施，填补当前海洋治理的空白。其目标之一就是促进和推动建立综合的、有代表性和有效的海洋保护区体系。[2]

（三）《生物多样性公约》缔约方会议

因为公海保护区主要是保护公海的生物资源，属于《生物多样性公约》的保护范围，所以在公约的缔约方会议中，也多次涉及公海海洋保护区问题。

2006 年，《生物多样性公约》缔约方第八届会议（COP8）在通过的决定 VIII/21 "海洋和沿海生物多样性：保护和可持续利用国家管辖范围以外深海海床遗传资源"和决定 VIII/22 "海洋和沿海生物多样性：加强执行综合海洋和沿海管理"中，都提到要建立海洋保护区；并在决定 VIII/24 "保护区"

---

[1] International Marine Protected Areas Congress (IMPAC)，国际海洋保护区大会（IMPAC），分别于 2005 年在澳大利亚，2009 年在美国，2013 年在法国召开，由海洋保护区机构与国际自然保护联盟联合举办，会议会聚了来自世界各地的海事部门的工作者，主要就对海洋的可持续发展和保护进行交流和讨论。[EB/OL]. http://www.impac3.org/en/ [2019-2-16].

[2] High Seas Alliance (HSA) [EB/OL]. http://www.highseasalliance.org/ [2019-2-16].

中，专门规定了"在国家管辖范围之外的海洋地区合作建立海洋保护区的备选办法"。❶

2008年，《生物多样性公约》缔约方第九届会议（COP9）通过了《识别公海和深海生境中具有重要生态或生物学意义的需要保护海域的科学标准》❷和《包括在公海或深海生境中建立代表性海洋保护区网的科学指南》❸，敦促缔约方并邀请政府和其他组织尽可能适用上述科学标准和指南，这对建立公海保护区具有重要的科学指导意义。

2010年，《生物多样性公约》第十届会议通过了2011—2020年《生物多样性战略计划》和"爱知生物多样性目标"，在目标11中提出到2020年至少要在10%的沿海和海洋区域建立保护区。❹

（四）联合国大会及联合国环境规划署

联合国关于公海保护区的工作是与国家管辖范围以外的生物多样性保护密切联系的。关于在国家管辖范围以外区域合作设立海洋保护区的问题，《生物多样性公约》第八届缔约方会议在Ⅷ/24号决定中确认，联合国大会在处理有关国家管辖范围以外区域海洋生物多样性的养护和可持续利用的问题中起着核心作用，重申《联合国海洋法公约》为海洋内一切活动的开展规定了法律框架，其完整性必须维持。❺

联合国环境规划署也一直在努力推进海洋保护区的发展，其主要推动的区域海洋项目中已经有五个公约，包括国家管辖范围以外海洋生物多样性保

---

❶ "生物多样性公约缔约方大会第八届会议报告"，UNEP/CBD/COP/8/31 15 June 2006 [EB/OL]. https://www.cbd.int/doc/meetings/cop/cop-08/official/cop-08-31-zh.pdf [2019-2-18].

❷ Scientific Criteria for Identifying Ecologically or Biologically Significant Marine Areas in Need of Protection.

❸ Scientific Guidance for Selecting Areas to Establish a Representative Network of Marine Protected Areas, including in Open Ocean Waters and Deep Sea Habitats, in Brochure for the Scientific Criteria and Guidance for Identifying EBSAs and Designing Representative Networks of Marine Protected Areas in Open Ocean Waters and Deep Sea Habitats [EB/OL]. https://www.cbd.int/ebsa/resources [2019-2-16].

❹ UNEP/CBD/COP/10/27/Add.1, 19 December 2010.

❺ 此方面内容将在"国家管辖范围以外海域的生物多样性保护"一章论述。

护的内容,❶分别是《东北大西洋海洋环境保护公约》（以下简称 OSPAR 公约)❷、《南太平洋地区自然资源和环境保护公约》（以下简称努美阿公约)❸、《南极海洋生物资源保护公约》（以下简称 CCAMLR 公约)❹、《保护地中海免受污染公约》（以下简称巴塞罗那公约)❺、《东南太平洋海洋环境的地区保护公约》（以下简称利马公约)❻。

二、建立海洋保护区的法律依据

迄今为止,各国对于海洋生物多样性的保护主要是在国家主权或某些管辖权范围之内的海域进行的,为此目的建立海洋保护区的依据是国内法。公海海洋保护区的设立与管理不同于国内的海洋保护区,要复杂得多,因为对于公海的利用或保护不是某一个国家可以自行决定的。

要从目前现有的国际法中找寻完全为公海特别保护区量身定做的法律依据是相当困难的。当下,还没有直接规定公海特别保护区的国际法存在。尽管有一些条约有保护公海生物多样性的一些规定,如 1990 年《大加勒比海区海洋环境开发和保护公约》、2001 年《养护和管理东南大西洋渔业资源》等,

---

❶ Conservation of biodiversity in areas beyond national jurisdiction（BBNJ）[EB/OL]. https://www.unenvironment.org/explore-topics/oceans-seas/what-we-do/working-regional-seas/conservation-biodiversity-areas-beyond [2019-2-16].

❷ Convention for the Protection of the Marine Environment of the North-East Atlantic（OSPAR Convention）, 1992 年 9 月 22 日通过, 1998 年 3 月 25 日生效, 替代了 1972 年《防止船舶和航空器倾倒污染海洋公约》（又称奥斯陆公约）和 1974 年《防止陆源污染公约》（又称巴黎公约）。

❸ Convention on the Protection of the Natural Resources and Environment in the South Pacific Region（Noumea Convention）, 1986 年 11 月 24 日通过, 1990 年 8 月 18 日生效。

❹ Convention for the Conservation of Antarctic Marine Living Resources（CCAMLR Convention）, 1980 年 5 月 20 日通过, 1982 年 4 月 7 日生效。

❺《保护地中海防止污染条约》, 即 Convention for the Protection of the Mediterranean against Pollution（Barcelona）, 1976 年 2 月 16 日通过, 1978 年 2 月 12 日生效。1995 年 6 月 10 日修订为《地中海海洋和沿岸地区环境保护条约》（Convention for the Protection of the Marine Environment and the Coastal Region of the Mediterranean）, 2004 年 7 月 9 日生效。该条约体系下还有专门针对生物保护的议定书:《地中海特别保护区和生物多样性保护议定书》, 即 Protocol Concerning Specially Protected Areas and Biological Diversity in the Mediterranean（SPA and Biodiversity Protocol）, 1995 年 6 月 10 日通过, 1999 年 12 月 12 日生效。

❻ Convenio para la Protección del Medio Marino y la Zona Costera del Pacífico Sudeste（Lima Convention）, 1981 年 11 月 12 日通过, 1986 年生效。

但国际社会尚未有可以直接适用于公海保护区的国际法依据。

在此情形下,公海海洋保护区的积极倡导和推动者开始努力研究找寻其建立的法律与政策基础。虽然任何国家都不能将自己的立法适用于公海上航行的其他国家的船舶,但也不能因此认为国际法尤其是海洋自由原则是建立公海海洋保护区的不可逾越的障碍。❶原因有以下两个方面:

第一,根据《海洋法公约》公海这一章的规定,所有国家均有义务为本国国民采取,或与其他国家合作采取养护公海生物资源的必要措施。各国应互相合作以养护和管理公海区域内的生物资源。凡其国民开发相同生物资源,或在同一区域内开发不同生物资源的国家,应进行谈判,以期采取养护有关生物资源的必要措施。为此目的,这些国家应在适当情形下进行合作,以设立分区域或区域渔业组织。❷

在保护和保全海洋环境这一章中,规定"所有国家有保护和保全海洋环境的义务"❸。这项义务适用于所有的海域,包括公海。在《海洋法公约》第194条关于"防止、减少和控制海洋环境污染的措施"中,第5款规定"按照本部分采取的措施,应包括为保护和保全稀有或脆弱的生态系统,以及衰竭、受威胁或有灭绝危险的物种和其他形式的海洋生物的生存环境而有很必要的措施",此款规定涉及的生态系统脆弱的海域应当包括公海。同时"各国在为保护和保全海洋环境而拟定和制定符合本公约的国际规则、标准和建议的办法及程序时,应同全球性或区域性的,直接或通过国际主管国际组织进行合作,同时考虑到区域的特点。"❹

前述条约规定中,对国家管辖范围以外的公海进行保护及合作的义务不是没有法律意义的,它包含了通过谈判达成一致的善意行为。正如国际海洋法法庭在"莫科斯工厂案"中所说:"合作的义务是根据《海洋法公约》第十二部分和一般国际法预防海洋环境污染的根本原则。"❺因此,通过谈判和协

---

❶ Tullio Scovazzi, Marine Protected Areas on the High Seas: Some Legal and Policy Considerations [J], 19 Int'l J. Marine & Coastal L. 1 2004, p5.
❷ 《海洋法公约》第 117、118 条。
❸ 《海洋法公约》第 192 条。
❹ 《海洋法公约》第 197 条。
❺ Para. 82 of the Order of 3 December 2001, The Mox Plant Case (Ireland v. United Kingdom).

商解决公海中的脆弱海洋生态和生物多样性问题是国家义不容辞的法律责任和义务。

第二，任何原则包括公海自由原则不是一成不变的，需要根据具体情况在适用中进行相应的演变。从格老秀斯提出海洋自由理论开始，人类对于海洋的利用在不断变化，海洋自由的内容也在变化。发展到今天，海洋的航行等合法利用仍然是海洋自由考虑的重要因素，但需要平衡与其他利益的关系，例如，全人类的利益，包括海洋环境和海洋生物资源的保护等。在此情况下，与传统的海洋自由不同的是节制的自由，已经开始受到各种限制，就拿捕鱼自由来说，最典型的限制就是1995年《执行1982年12月10日〈联合海洋法公约〉有关养护和管理跨界鱼类种群和高度洄游鱼类种群的规定的协定》（以下简称《跨界鱼类协定》）。该协定的第8条"养护和管理的合作"中规定："如某一分区域或区域渔业管理组织或安排有权就某些跨界鱼类种群或高度洄游鱼类种群订立养护和管理措施，在公海捕捞这些种群的国家和有关沿海国均应履行其合作义务，成为这种组织的成员或安排的参与方，或同意适用这种组织或安排所订立的养护和管理措施。对有关渔业真正感兴趣的国家可成为这种组织的成员或这种安排的参与方。只有属于这种组织的成员或安排的参与方的国家，或同意适用这种组织或安排所订立的养护和管理措施的国家，才可以捕捞适用这些措施的渔业资源。"这一规定显然排除了这些组织的非成员方的捕捞权利或自由。

公海特别保护区牵涉着各国的政治策略、经济利益、法律规制等问题，需要有国际法为依据。公海自由与公海保护区的关系也可以解读为习惯权利与条约义务的关系，公海自由属于国际习惯，国际习惯对所有国际法主体包括各主权国家具有法律拘束力；公海保护区则主要是国际条约的产物。2015年，联合国大会通过第69/L65号决议，决定就国家管辖范围以外海域的生物多样性养护和可持续利用问题，在《海洋法公约》的框架下谈判具有法律拘束力的国际协定。国际协定谈判筹备委员会在2016—2017年间召开了四次会议，提交了《大会关于根据〈联合国海洋法公约〉的规定就国家管辖范围以外区域海洋生物多样性的养护和可持续利用问题拟定一份具有法律拘束力的国际文书的第69/292号决议所设筹备委员会的报告》❶，公海保护区应该也在这个问题的讨论范围内。如果国际社会能够谈判成功的话，这将是《海洋法公约》的第三个执行协定。届时，公海保护区的法律依据问题也就迎刃而解了。

三、公海保护区的实践

尽管各国对设立公海保护区的态度不尽一致，目前也较难从技术角度对公海保护区达成共识，但随着沿海国和国际社会对此问题的重视程度日益提高，经过国际社会和区域组织及相关国家的不懈努力，目前公海海洋保护区已经开始建立。

（一）地中海派拉格斯海洋保护区

1. 成立

地中海派格拉斯（Pelagos）海洋保护区，是根据1999年《建立地中海海洋哺乳动物保护区的协议》❷，由法国、意大利和摩纳哥共同建立的，包括三国的内水、领海和公海海域。其建立的原因主要有三方面：在此海域中发现有大量的长须鲸等哺乳动物；有明显的迹象表明，现有的鲸类等哺乳动物面临巨大的威胁；缺少完善的法律保护和保障。因此，派拉格斯海洋保护区的建立具有生态意义和制度意义。❸

1991年，在特提斯研究所❹、米兰、摩纳哥和圣特佩罗扶轮会❺的支持和帮助下，欧洲扶轮会环境分会❻提出了派拉格斯项目，设想在科索—利古里亚盆地（Corso-Ligurian Basin）建立一个生物保护区。1992年，在第一届西地中海海洋保护区（International Marine Reserve for the Western Mediterranean）会

---

❶ 联合国大会文件，A/AC. 287/2017/PC. 4/2.
❷ Agreement Rated to the Creation of a Sanctuary for Marine Mammals in the Mediterranean Sea, 1999年11月25日签订，2002年2月21日生效。
❸ 范晓婷. 公海保护区的法律与实践 [M]. 北京：海洋出版社，2015：104.
❹ Tethys Research Institute：https://www.tethys.org/ [2019-02-19].
❺ Rotary Clubs of Saint-Tropez, Monaco and Milan.
❻ Environmental Branch of the European Association of Rotary Clubs.

议上，开始提议建立一个覆盖西地中海所有国家的联合国生态保护区，决定每年召开会议商讨如何保护西地中海的国际水域的生物多样性问题。

1993 年 11 月，法国和意大利环境部长、摩纳哥的国务大臣在布鲁塞尔签署了一项建立地中海保护区保护海洋哺乳动物的联合声明。1998 年意大利政府正式同意建立保护区的建议并将其提交给法国和摩纳哥，为海洋保护区的建立迈出了重要的一步。1999 年 11 月 25 日，意大利、法国和摩纳哥在罗马签署了《建立地中海海洋哺乳动物保护区的协议》（以下简称《派拉格斯协议》），协议于 2002 年 2 月 21 日生效。

2003 年，《派拉格斯协议》第一次缔约方会议在摩纳哥召开，成立工作组负责编写管理计划。2004 年第二次缔约会议通过了"管理计划"，决定建立保护区"国家委员会"（National Sanctuary Committee），寻求保护区的战略目标和管理重点。2006 年，在第三次缔约方会议上，要求"科学和技术委员会"（Scientific and Technical Committee）为"管理计划"的主题项目提供建议。2008 年，保护区的常设秘书处在意大利的热那亚总督府设立办公室。❶常设秘书处的主要任务包括：协商协议下的不同机构，协助科学和技术委员会及缔约方会议的工作；确保协议的目标及决议的实施；根据缔约方会议通过决议管理预算；在与其他地方性、区域性及国际性机构的事务中代表派拉格斯保护区。❷

2. 目标与措施

保护区的建立是为了保护海洋哺乳动物尤其是海豚和鲸免受各种形式人类活动的干扰，其目标是协调社会经济活动与相关海洋物种保护之间的关系。根据 1999 年《派拉格斯协议》，保护区的目标旨在：

---

❶ 常设秘书处在 2010 年临时关闭，2013 年重新启用。关于派拉格斯的历史 [EB/OL]. 参见 http://www.sanctuaire-pelagos.org/en/about-us/history，和 https://www.tethys.org/activities-overview/conservation/pelagos-sanctuary/ [2019-02-19].

❷ 关于派拉格斯的常设秘书处 [EB/OL]. 参见 http://www.sanctuaire-pelagos.org/en/about-us/permanent-secretariat [2019-02-19].

（1）改善相关活动，预防影响海洋哺乳动物及其生境内任何类型的污染；

（2）逐步淘汰内陆有毒污水排放；

（3）禁止对海洋哺乳动物的捕获和蓄意危害；

（4）控制或禁止任何形式海上摩托艇比赛；

（5）授权对渔业进行区域调控；

（6）调整与观鲸有关的旅游业。

自2004年开始，派拉格斯保护区依照"管理计划"以可持续发展的方式进行管理。管理计划将各缔约方的贡献与实践措施相结合，将保护区作为整体来进行管理。主要的管理方式有：在生态系统方面，考虑与自然环境和社会经济相关的可变因素；作为行动计划的一部分所采取的措施将根据所获得的结果随时评估和修改；从功能角度来看，所采取的方法应该能使不同组织在一起工作更为容易。[1]

2007年，保护区设立了三方工作组，涉及人类活动、渔业、高速赛艇、海上交通、赏鲸、规范海洋监测、研究和监测、海洋污染、沟通和认识、数据库等十个领域。这些工作组的目的包括：审视情势、研究问题和挑战；建立即时和长期的目标；探索实施措施的一般和紧急程度；识别伙伴和组织的参与程度；提出实现不同目标的具体措施；提出关于目标、预计成本、融资、进度和论价标准的明确建议。[2]

3. 相关的条约

派拉格斯保护区也是一个地中海重要特别保护区（Specially Protected Area of Mediterranean Importance，SPAMI）。SPAMI是根据联合国环境规划署区域海洋项目之一——地中海行动计划的成果之一，依据《地中海特别保护区和生

---

[1] Management Plan [EB/OL]. http://www.sanctuaire-pelagos.org/en/about-us/management-plan [2019-02-19].

[2] Working Group [EB/OL]. http://www.sanctuaire-pelagos.org/en/about-us/working-groups [2019-02-19].

物多样性议定书》和❶"巴塞罗那公约"❷，有关缔约方建立了"地中海重要特别保护区"名单，目的是为了在保护和管理受到威胁物种及其生境方面加强合作。

《地中海特别保护区和生物多样性议定书》附件为名单中的SPAMI确立了共同标准和指南。派拉格斯保护区在2002年11月份被列入SPAMI名单，成为地中海保护网络中的重要组成部分。

派拉格斯保护区自成立以来，从最初具有保护理念的个人和组织所推动的"设想"发展到具有相对健全的"行政—体制"阶段，管理机构和机制还在不断完善中。大部分管理职能仍是由缔约方会议和单个国家或是三国指导委员会来承担，这些临时的解决方案在面对这样一个庞大而复杂的保护区所提出的优秀任务要求时仍显不足。在显著改善该地区受到威胁的海洋哺乳动物种群的保护方面，派拉格斯保护区的主要目标并没有得到很好的实现。❸

不过，派拉格斯保护区的建立公然挑战了"在公海建立保护区是不可能的"这一当时的主流观点。公海保护区的建立对不合理的人类活动进行了合理的限制，通过对公海进行实际有效的管理，加强对公海生物多样性的保护，使生活在公海保护区内的物种免受和少受人类过度活动的影响。派格拉斯公海保护区有利于更好地维护法国、意大利和摩纳哥在地中海管辖海域及相关海域的科学研究活动、渔业资源保护和海上运输等海洋权益。虽然在如此大的面积内和在大量开发的环境内对鲸类种群提供保护是一项艰巨的工作，但派格拉斯保护区已经取得了许多积极的成果，包括：提高公众意识；采取对于建立和实施管理计划来说是罕见的但必要的步骤；促使三国政府采取自主

---

❶ The Protocol Concerning Specially Protected Areas and Biological Diversity in the Mediterranean, 1995年6月10日通过，1999年12月12日生效。

❷ 《保护地中海防止污染条约》，即Convention for the Protection of the Mediterranean against Pollution (Barcelona), 1976年2月16日通过，1978年2月12日生效。1995年6月10日修订为《地中海海洋和沿岸地区环境保护条约》(Convention for the Protection of the Marine Environment and the Coastal Region of the Mediterranean), 2004年7月9日生效。

❸ Giuseppe Notarbartolo di Sciara, The Pelagos Santuary for the Conservation of Mediterranean Marine Mammals: an Iconic High Seas MPA I dire straits, 2nd International Conference on Progress in Marine Conservation in Europe 2009, 2-6 November 2009, OZEANEUM/DMM, Stralsund, Germany.

措施以尽量减少对该区域内的环境影响;为大范围区域保护、以生态系统为基础的管理、公海保护区、区域海洋协定效用、物种的利用和宣传保护理念等提供一个示范样板。❶ 作为第一个公海海洋保护区,派拉格斯保护区的建立具有重要的开拓意义,也提供了前所未有的范例。

(二) 南奥克尼群岛南部大陆架公海保护区

2009 年 11 月,南极生物资源养护委员会第 28 届会议通过了一项保护措施——建立南奥克尼群岛南部大陆架公海保护区(以下简称南奥克尼保护区)。❷

2002 年《南极条约》缔约国响应世界可持续发展峰会达成的共识,承诺到 2012 年实现在南大洋建立有代表性海洋保护区体系。2008 年,南极生物资源养护委员会(CCAMLR)下的科学分委员会(SC-CCAMLR)通过了一项实现 2012 年目标的工作计划,确认在 11 个优先区域考虑建立保护区。

2009 年,CCAMLR 第 28 次会议期间,审议并通过了英国的提议,根据科学委员会的建议(SC-CAMLR-XXVIII, paragraph 3.19),建立南奥克尼保护区,这是世界上第一个完全位于国家管辖范围以外的公海保护区,是 CCAMLR 的一个伟大成就,巩固了其在海洋生物养护方面的创新和全球领导地位。❸ 会议同时通过了南奥克尼保护区的养护措施(CM 91-03),❹包括除 CCAMLR 专门批准的渔业科学研究外,保护区内禁止捕鱼;任何渔船不得倾倒任何废弃物;禁止任何渔船在保护区内进行转运活动;船只在途径该区前将其船旗国、船只大小、国际海事组织(IMO)编号、途径路线等信息通知 CCAMLR 秘书处;对于区内存在其国民或船只的非公约成员方,CCAMLR 应将上述措施予以告知等。

在此次会议中,各国提出了不同的意见。日本认为南奥克尼保护区的目标及管理计划均是不清晰的,而特殊区域之间的设计需要进行协调,日本之

---

❶ 王琦,桂静,公衍芬,等. 法国公海保护的管理和实践及其对我国的借鉴意义 [J]. 环境科学导刊, 2013, 32 (2): 7-13.

❷ Conservation Measure 91-03 (2009) "Protection of the South Orkney Islands southern shelf".

❸ Report of the Twenty-eighth Meeting of the Commission, Para 7.2, Hobart, Australia, 26 October-6 November 2009.

❹ Conservation Measure 91-03 (2009), Protection of the South Orkney Islands southern shelf.

所以能够接受英国修改后的提案是由于渔业活动进行的区域被排除在最初提案之外，此种观点得到了韩国及俄罗斯的支持，然而还是有相当数量的国家反对日本提出的保护区与渔业活动互相排斥（mutually exclusive）的观点。美国认为海洋保护区的建立并不具有先例的效应，应当进行个案分析并考虑到合理利用，而捕渔区往往与生物多样性保护的目标区域重合，其可能意味着需要寻求典型渔业管理之外的保护方式。中国同样认为海洋保护区的建立需要进行个案分析，并考虑其必要性及特殊性而不能将某一保护区作为先例，同时，需要维持保护与合理利用之间的平衡，二者之间要进行比例的协调。澳大利亚则认为，为了实现建立海洋保护区的目标，应当避免一切对海洋生物可能产生影响的活动，而非仅仅限于渔业活动。南极及南大洋联盟（Antarctic and Southern Ocean Coalition，ASOC）则认为修改后的提案减少了南奥克尼保护区的区域面积并制定了捕鱼配额，破坏了原提案的目标。❶

南奥克尼保护区是作为CCAMLR的一项养护南极生物资源的措施而建立的，其目标首先要符合《南极生物资源养护公约》第2条规定的目标和要求，这是一个宏观目标，具体到南奥克尼保护区，区分了四类区域并分别设定了保护目标，包括代表性区域、科学区域、脆弱区域、重要生态系统过程发生区域，这些区域相应的保护目标包括保护独特、稀有、高生物多样性；保护关键生命过程；提高对气候变化的恢复力，保持未受人类干扰的区域；协调活动的多种用途区域。

2010年CCAMLR第29次会议时，对"合理利用"进行了讨论，讨论如何将合理利用纳入海洋保护区计划中，至于什么类型的活动构成合理利用，一些成员方认为这个在《南极海洋生物资源养护公约》（以下简称《CAMLR公约》）第2条中已经有规定。❷ 日本表示，它并不反对在CAMLR公约区设立海洋保护区，在拥有充分科学证据的基础上，可以禁止捕鱼活动。但是，日本不能接受在不具有明确目标和科学理由的海洋保护区内，禁止合理利用

---

❶ Report of the Twenty-eighth Meeting of the Commission, Para 7.4-7.17, Hobart, Australia, 26 October-6 November 2009.

❷ Report of the Twenty-eighth Meeting of the Commission, Para 7.2-7.4, Hobart, Australia, 26 October-6 November 2009.

鱼类资源。建立海洋保护区的重要因素是监测机制和定期强制性审查程序，以评估所建立的海洋保护区是否正在实现其目标。日本还注意到，海洋保护区将可能吸引非法、不报告和不管制（IUU）捕鱼，将会破坏公约的目标。❶在随后的讨论中，一些成员方提议，任何有关海洋保护区的指定和审查的措施都必须符合《海洋法公约》《南极条约》和《CAMLR公约》所提供的国际法律框架，并应遵循三项原则：环境保护、科学研究的自由和合理利用。❷

2011年CCAMLR第30次会议上，通过了《建立CCAMLR海洋保护区的总体框架》❸（以下简称《总体框架》），以养护措施的形式确认了CCAMLR在公约区域内建立海洋保护区体系的承诺，并制定了相应的形式框架。与南奥克尼保护区的养护措施（CM91-03）相比，《总体框架》是后来制定的，二者应该协调一致。❹

《总体框架》细化了CCAMLR在其建立的海洋保护区中的养护措施，应当包括：海洋保护区的具体目标；边界；被限制、禁止或管理的活动；管理计划、研究及监控计划、一切临时性的管理、科研及监控安排的优先要素；指定期间。❺《总体框架》还划分了CCAMLR与科学委员会的部分职责。尽管如此，《总体框架》的十条规定仍是较为笼统的，对于与海洋保护区有关的问题有很多没有涉及，例如，进行科学研究应当采取的方法；建立、管理及维护海洋保护区需要的数据支持；海洋保护评估所需的研究资料等都未能指出。

根据《CAMLR公约》第9条第6款的规定，如果成员方未在养护措施通过后90天内向CCAMLR提出书面意见，表示无法接受该养护措施，则该养护措施将在成员方收到CCAMLR关于通过具体养护措施的通知180天后，对该成员方发生法律约束力，并由全体成员方负责实施。《总体框架》在性质上属

---

❶ Report of the Twenty-ninth Meeting of the Commission, Para 7.10, Hobart, Australia, 25, October-5 November 2010.

❷ Report of the Twenty-ninth Meeting of the Commission, Para 7.16, Hobart, Australia, 25, October-5 November 2010.

❸ General Framework for the Establishment of CCAMLR Marine Protected Areas.

❹ Report of the Thirty-Third Meeting of the Scientific Committee, Para 5.75.

❺ Conservation Measure 91-04 (2011) General Framework for the Establishment of CCAMLR Marine Protected Areas.

于根据《CAMLR 公约》第 9 条的规定制定的养护措施，也属于 CCAMLR 通过的对成员方有拘束力的决议，各成员方都应该予以遵守。《总体框架》是关于在公约区域内建立海洋保护区的第一份具有法律约束力的正式文件，其简要阐述了在公约区域内建立海洋保护区的法律渊源、制度背景和科学理论依据，制定了建立海洋保护区的目标、要件、程序、适用对象和审查评估制度等形式要件，确认了 CCAMLR 决心在公约区域内创设一个海洋保护区体系的承诺，为在 CCAMLR 框架下推动南极海洋保护区建设设定了形式要求。❶ 从这个角度来说，《总体框架》构成了对南极海洋保护区基础的进一步阐述。

2014 年 CCAMLR 的第 33 届会议上，科学委员会通过了"南奥克尼保护区报告"❷，尽管科学委员会最终认定其在修改后为合适的报告，不同国家的科学家及代表仍指出了报告的不足或可质疑之处。此次会议上，还作出了"南奥克尼保护区的回顾"❸。CCAML 注意到科学委员会关于南奥克尼保护区的审议，其研究和监测计划为此类活动提供了良好的模式。❹

（三）大西洋公海海洋保护区网络

2008 年，来自 15 个国家的代表联合在法国布列斯特的会议上承诺，保护大西洋中央海脊最为脆弱、资源丰富但同时也还有很多区域未曾开发的部分，将 30 万平方公里的海脊地区和之上的洋面都宣布为海洋保护区域。2008 年，《东北大西洋海洋环境保护公约》❺ OSPAR 委员会秘书处与国际海底管理局秘书处联系，商谈向委员会提交关于建立大西洋中脊查理·吉布斯断裂带海洋

---

❶ 杨雷，韩紫轩，陈丹红，等. 关于《建立 CCAMLR 海洋保护区的总体框架》有关问题分析[J]. 极地研究，2014，26（4）：524.

❷ MPA Report for the South Orkney Islands southern shelf (MPA Planning Domain 1, Subarea 48.2), Delegation of the European Union, SC-CAMLR-XXXIII/BG/19.

❸ Review of the South Orkney Islands Southern Shelf MPA (MPA Planning Domain 1, Subarea 48.2). CCAMLR-XXXIII/24.

❹ Report of the Thirty-third Meeting of the Commission, Para 5.58, Hobart, Australia, 20-31 October 2014.

❺ Convention for the Protection of the Marine Environment of the North-East Atlantic, 1992 年 9 月 22 日通过，1998 年 3 月 25 日生效，替代了 1972 年《防止船舶和航空器倾倒污染海洋公约》（奥斯陆公约）和 1974 年《防止陆源污染公约》（巴黎公约）。

保护区的建议。

2010年9月,在挪威卑尔根召开的《东北大西洋海洋环境保护公约》部长级会议上,缔约方❶指定了6个公海保护区:米尔恩海山复合区❷、查理·吉布斯南部海洋保护区❸、阿尔泰海山❹、安蒂阿尔泰海山❺、约瑟芬海山❻、亚速尔群岛北部大西洋中脊❼。这些区域位于东北大西洋沿岸国家管辖以外海域,覆盖面积达28.5平方公里,相当于意大利或者美国亚利桑那州的面积,这是大西洋第一个国家管辖海域以外的公海海洋保护区网络,主要保护该保护区网络大西洋中脊的海山、脆弱的深海和物种以及生物栖息地。❽ 在这个区域当中,生活着珊瑚、海绵等要附着在粗糙坚硬表面上的生物,同时还有鲸类、鲨鱼和其他多种鱼类,冷暖水流的交汇还使得此地成为浮游生物的乐园。

2012年6月,OSPAR部长级会议采纳了建立查理·吉布斯北部海洋保护区❾的建议,面积17.77平方公里,这是OSPAR建立的第七个公海保护区。由于查理·吉布斯南部保护区、查理·吉布斯北部保护区、米尔恩海山复合区主要目的是保护和养护海床和上覆水域的生物多样性和生态系统,其他四个海洋保护区的建立是为了保护和养护有关海域上方水域的生物多样性和生态系统,与葡萄牙采取的海底防护措施进行协调和补充。因为2009年5月,葡萄牙根据《联合国海洋法公约》向大陆架界限委员会提交了外大陆架界限

---

❶ 比利时、丹麦、芬兰、法国、德国、冰岛、爱尔兰、卢森堡、荷兰、挪威、葡萄牙、西班牙、瑞典、瑞士、英国和欧盟。

❷ OSPAR 10/23/1-E, Annex 34. OSPAR Decision 2010/1 on the Establishment of the Milne Seamount Complex Marine Protected Area.

❸ OSPAR 10/23/1-E, Annex 36. OSPAR Decision 2010/2 on the Establishment of the Charlie-Gibbs North High Seas Marine Protected Area.

❹ OSPAR 10/23/1-E, Annex 38. OSPAR Decision 2010/3 on the Establishment of the Altair Seamount High Seas Marine Protected Area.

❺ OSPAR 10/23/1-E, Annex 40. OSPAR Decision 2010/4 on the Establishment of the Antialtair Seamount High Seas Marine Protected Area.

❻ OSPAR 10/23/1-E, Annex 42. OSPAR Decision 2010/5 on the Establishment of the Josephine Seamount High Seas Marine Protected Area.

❼ OSPAR 10/23/1-E, Annex 44. OSPAR Decision 2010/6 on the Establishment of the MAR North of the Azores High Seas Marine Protected Area.

❽ 公衍芬,等. 欧盟公海保护的立场和实践及对我国的启示 [J]. 环境与可持续发展, 2013 (5).

❾ OSPAR 12/22/1-E, OSPAR Decision 2012/1 on the establishment of the Charlie-Gibbs North High Seas Marine Protected Area.

的申请。葡萄牙所申请的外大陆架就包括这四个海洋保护区的海底。虽然距离大陆架界限委员会作出审查结果有相当长的时间,但不排除确认葡萄牙外大陆架的可能。因此,这四个保护区的海底今后有可能位于葡萄牙的外大陆架上,由《东北大西洋海洋环境保护公约》委员会和葡萄牙政府相互协调进行管理。

在设立公海保护区的同时,OSPAR 也提出进行管理的建议,这些建议包括提高认识、积累资料、进行海洋科学研究、海洋环境影响评估和环境战略评估、第三方的参与、在《东北大西洋海洋环境保护公约》海域的深海和公海适用《负责任的海洋研究行为守则》等。有关决定和建议确认,海洋保护区内进行或可能进行的渔业、航运和矿产资源的勘探和开采等各种人类活动根据其他主管机关的相关框架接受管理。❶

从 OSPAR 所设立的主要公海保护区的情形看,指定区域的维护宗旨与目标基本都表述为维护、保护或恢复处于法律保护状态的生物多样性、自然遗产、栖息地、物种或景观;维护、保护或恢复未处于法律保护状态的生物多样性、自然遗产、栖息地、物种或景观;维护关键生态功能(产卵区、幼仔养护区、饲养区、栖息区、高生产力区域等)。补充的维护宗旨与目标包括促进社会与经济活动的可持续管理、可持续发展,管理天然资源的利用,开展环境方面的教育并提升公众认知,培养科学研究。在使用与活动方面,OSPAR 一般会列举目前已知在该区域内发生的人类活动,包括科学研究、非生物资源的提取(例如,聚集体、石油和天然气等)、人造结构的施工建设(例如,电缆、管道)、废物排放、航运交通、专业远洋拖网、专业海底拖网、专业的刺网捕捞、专业的三层鱼网(缠刺网)捕捞、专业长航线捕鱼(远洋)、专业海底长航线捕鱼、专业围网捕鱼等。过去几年来,通过底层禁渔区(如脆弱海洋生态系统)及上述公海海洋保护区,沿大西洋中脊的若干地区得到保护。❷ 不过,由于存在着一系列与该地理区域有关的生态、政治、社会和

---

❶ A/66/70. 联合国大会第六十六届会议. 海洋和海洋法秘书长的报告,2011 年 3 月 22 日,Para. 174.

❷ 公衍芬,等. 欧盟公海保护的立场和实践及对我国的启示[J]. 环境与可持续发展,2013 (5):39.

经济问题，OSPAR 各个缔约方的这一承诺并不那么容易实现。❶

（四）南极罗斯海海洋保护区

最早的南极海洋保护区是建立在南极周边国家的管辖范围内的，即 2002 年澳大利亚建立的 HIMI（Heard Island and McDonald Islands）海洋保护区。❷ 另外，由于位于公约区域与南非专属经济区的王子爱德华岛附近水域深受 IUU 捕捞的影响，南非于 2013 年宣布建立了王子爱德华岛海洋保护区。这两个海洋保护区位于公约区域与相关专属经济区的重叠区域内，因此更加容易得到有效的管理。❸

罗斯海最早在 2007 年被 CCAMLR 认定为生物多样性丰富的区域，罗斯海大陆架上覆水域仅占南大洋的 2%，但其生物多样性却极其丰富，同时也是南极区域许多标志性物种的栖息地。❹

2012 年 11 月第 31 届 CCAMLR 会议上，美国和新西兰分别向 CCAMLR 提出了有重叠区域的罗斯海海洋保护区提案，欧盟提出了保护 48.1、48.5 和 88.3 分区的冰架、冰川和冰舌下栖息地及群落的海洋保护区提案，法国、澳大利亚和欧盟提出了建立东南极海洋保护区网络的提案。后来新西兰和美国经过修正后提交了一项罗斯海海洋保护区联合提案。❺

2013 年 CCAMLR 特别会议上，针对新西兰、美国修改后的提案，俄罗斯和中国仍是持反对态度，认为报告存在程序违法的行为；对于海洋保护区缺乏明确定义及建立的法律基础，《养护公约》及《总体框架》均不能作为其

---

❶ A/66/70. 联合国大会第六十六届会议. 海洋和海洋法秘书长的报告，2011 年 3 月 22 日，P41. Para. 174.

❷ Fabra A, Gascón V. The Convention on the Conservation of Antarctic Marine Living Resources (CCAMLR) and the Ecosystem Approach [J]. The International Journal of Marine and Coastal Law, 2008, 23 (3): 589.

❸ 闫朱伟. 南极海洋保护区建立的国际法问题分析 [J]. 浙江海洋学院学报，2016 (4): 8.

❹ See Ross Sea Biodiversity, Part I: Validation of the 2007 CCAMLR Bioregionalisation Workshop Results towards Including the Ross Sea in a Representative Network of Marine Protected Areas in the Southern Ocean [EB/OL]. https://www.ccamlr.org/en/wg-emm-10/11 [2019-2-21].

❺ See Commission for the Conservation of Antarctic Marine Living Resources. Thirty-first Meeting Report of the Commission [EB/OL]. http://www.ccamlr.org/en/system/files/e-cc-xxxi.pdf [2019-2-21].

法律依据，其与用于科学研究或保护而封闭的区域、南极特别保护区和南极特别管理区之间的关系都存在混淆；而《总体框架》不包含建立海洋保护区程序及实施性质的措施等。挪威对于建立海洋保护区虽然本着支持的态度，却也表达了其对渔业可能造成影响的担心。在随后几年的会议中，此提案一直未获通过。总体来说，美国、新西兰、澳大利亚、欧盟、英国、法国、德国等对南极海洋保护区的建立都持积极态度，不仅提出海洋保护区提案，而且对委员会至今未能通过这些海洋保护区提案表示失望。而俄罗斯、乌克兰、中国等对南极海洋保护区的态度消极，担心会因此形成先例在其他的海域实施。反对南极海洋保护区建立的理由主要集中在以下几点：（1）CCAMLR缺乏在南极建立海洋保护区的充分法律基础；（2）CCAMLR海洋保护区的建立影响了南极海洋生物资源的合理利用；（3）相关科学数据不充分，区域大小、捕捞限额的设定缺乏依据；（4）现有的规则不足以供CCAMLR建立海洋保护区。

此情况在2015年CCAMLR会议上有所转变，中国改变了以往的态度，开始支持南极海洋保护区的建立。2016年10月召开的CCAMLR会议中，与会各方一致同意设立约155万平方公里的罗斯海海洋保护区。其中112万平方公里将划为禁止捕鱼区域，在35年内全面禁止捕捞海洋生物与采矿，剩余的范围将划为两个特殊区域，分别容许有限度地捕捞磷虾与犬牙鱼做研究用途。

尽管以俄罗斯为代表的国家在海洋保护区的概念、法律基础、管理及监控国家的责任诸多方面提出诸多异议，但其反对意见的一个重要原因是对于南极资源的需求。俄罗斯出于对捕鱼权的担忧成为最后一个反对罗斯海海洋保护区提案的国家。设立特别研究区允许俄罗斯等国出于"科研目的"可以继续捕捞犬牙鱼，并在《养护措施91-05》中增加其配额，同时保护区的建立为俄罗斯等国打开了原本已关闭的位于保护区外的渔场，这应该都是谈判中的妥协措施。在建设海洋保护区问题上，平衡环境保护与资源合理开发利用之间的关系将影响各成员方能否接受就提案达成一致。对资源适当的利用与养护公约及措施的规定是并行不悖的，而这是否使海洋保护区的目标落空或是减损，都需要丰富的科学研究进行支撑，以确定养护与利用之间的平衡。

综上，在传统国际法中，公海自由是公海法律地位的核心内容，所有国家在公海中享有捕鱼自由，尽管现在对于公海的捕鱼自由已经进行了不少国际法的限制，但设立公海保护区来禁止或限制公海的捕鱼活动，虽然有一定的国际法基础和依据，但毕竟这是个全新的概念和海域，即使现在已经有建立公海保护区，但要达到真正有效保护的目的，恐怕还需要国际社会进一步的谈判，就公海海洋保护区的概念、法律基础、设立公海保护区对于非缔约方的效力、具体措施如适应性保护方法、现有国际机构设立的保护区或划区管理工具、海洋空间规划、禁止性保护与合理利用的关系等诸多方面进行更为具体的规定，目前联合国召集的国家管辖范围以外生物多样性保护的谈判，也许可以一并解决上述问题。❶

---

❶ 此问题的论述见本书第七章。

第六章

国际海底区域

/第六章/ 国际海底区域

一、国际海底区域的概念

国际海底区域是《海洋法公约》新创设的一个海域，以下简称"区域"。"区域"是指国家管辖范围以外的海床和洋底及其底土，即各国大陆架以外的整个海底区域。

第二次世界大战以后，随着科学技术水平的提高，人类在深洋洋底发现了大量的矿物资源，早期主要是多金属结核。20世纪60年代，美国等发达国家开始了对深海洋底资源的勘探活动。1967年，经马耳他驻联合国代表的建议，第22届联合国大会决定设立特设委员会，研究国家管辖范围以外的海床洋底的利用问题。1970年联合国大会通过了《各国管辖范围以外的海床洋底及其底土的原则宣言》，宣言接受了马耳他驻联合国大使帕多的提议，宣布国家管辖范围以外的海床洋底及其底土以及该区域的资源为全人类的共同继承财产。在第三次海洋法会议上，"区域"的开发制度成为最难解决的问题。经过反复协商，《海洋法公约》第十一部分以及附件三（探矿、勘探和开发的基本条件）和附件四（企业部章程）对区域制度作出了规定。

二、国际海底区域的法律地位和开发制度

（一）国际海底区域的法律地位

根据《海洋法公约》第136条的规定，"区域"及其资源是人类的共同继

承财产。其中"资源"是指"区域"内在海床及其下原来位置的一切固体、液体或气体矿物资源，其中包括多金属结核（第133条）。

《海洋法公约》第137条对"区域"的法律地位作了进一步的具体规定：

(1) 任何国家不应对"区域"的任何部分或其资源主张或行使主权或主权权利；任何国家或自然人或法人不应将国际海底区域或其资源的任何部分据为己有；任何这种主权和主权权利的主张或行使或者这种据为己有的行为均应不予承认。

(2) 对"区域"内资源的一切权利属于全人类，由国际海底管理局代表全人类行使。这种资源不得让渡。但从"区域"内回收的矿物，只可按照公约第十一部分和管理局的规则、规章和程序予以让渡。

(3) "区域"的开发要为全人类谋福利，各国都有公平地享受海底资源收益的权利，特别要顾及发展中国家和未取得独立国家的人民利益（第140-141条）。

此外，"区域"的法律地位不影响其上覆水域和水域上空的法律地位（第135条）。

（二）国际海底区域的开发制度之争

针对"区域"的开发制度，发展中国家在第三次海洋法会议上提出了"单一开发制"，主张"区域"内的一切勘探开发活动都应该由国际海底管理局（以下简称海管局）控制；发达国家则主张由各国及其企业自行开发，海管局只行使登记注册或颁发执照的管理职能。经过反复协商，会议最终采纳了"平行开发制"。

《海洋法公约》第十一部分第三节专门就"区域"内资源的开发作了规定。按照其中第153条和附件三的规定，"区域"资源的开发活动既可以由海管局的企业部进行，也可以由缔约国或国营企业，或在缔约国担保下的具有缔约国国籍或由这类国家或其国民有效控制的自然人或法人，或符合公约规定的任何组织与海管局以协作的方式进行。申请者要开发"区域"的资源，首先要与海管局订立合同，提出两块具有同等价值的矿址，海管局可以从中选择一块作为"保留区",留给企业部开发,或由企业部与发展中国家联合开发;另一块作为"合同区",由申请者在与海管局签订合同后进行开发。

尽管平行开发制在一定程度上满足了"区域"内活动应为全人类的利益而进行的要求,但与人类共同继承财产原则也不完全相符,依然遭到了西方主要发达国家的反对,认为"区域"制度在限制生产、强制性技术转让、企业部的特殊地位、审查会议和海管局的表决程序等方面,无法保证投资者的利益。美国、英国、德国等西方国家拒绝在《海洋法公约》上签字并要求重开谈判,一些发达国家甚至通过缔结小型条约的方式来与《海洋法公约》相对抗,推行其深海海底采矿制度,如1982年9月美、德、英、法缔结《关于深海海底多金属结核的临时措施的协议》;1984年美、德、法、日等国《关于深海底问题的临时谅解》。在《海洋法公约》开放签署前后,西方大国相继出台了一些单方面的国内立法,如美国《深海海底固体矿物资源法》、苏联《关于调整苏联企业勘探和开发矿物资源的暂行措施的法令》、意大利《深海海底资源勘探和开发法》、法国《深海海底矿物资源勘探和开发法》、英国《深海采矿法》、德国《深海海底采矿暂时调整法》、日本《深海海底采矿暂时措施法》等。

为确保公约的完整性和普遍性,同时由于建立海管局和海洋法法庭的庞大费用负担,以及深海底采矿并不如当初想象中乐观的市场形势等问题,发展中国家被迫做出让步。1989年,77国集团发表声明:为确保《海洋法公约》接受的普遍性,77国集团愿意与任何集团、任何已签署或未签署《海洋法公约》的国家,就《海洋法公约》和海底筹委会工作的任何问题进行谈判。1990年7月,联合国秘书长致函安理会五个常任理事国和其他有关国家,建议就国际海底问题进行非正式磋商,以谋求《海洋法公约》的普遍性与完整性,进而促使《海洋法公约》早日生效。

从1990年7月至1994年6月,经过两轮共15次非正式磋商会议,《关于执行1982年12月10日〈联合国海洋法公约〉第十一部分的协定的决议》(以下简称《执行协定》)终于达成。《执行协定》正文10条,另有附件9节内容,对《海洋法公约》第十一部分关于海管局各机构的决策程序、企业部职能和运作方式、深海采矿的生产政策、财政条款等规定做出重大调整，关于临时适用的规定和临时成员制度的安排等照顾并考虑了有关各方的不同利益与要求，尤其是照顾了主要发达国家和潜在深海底采矿国的利益和要求，为全面执行《海洋法公约》奠定了基础，避免了两种国际海底区域法律制度并存局面的出现。1994年11月16日，《海洋法公约》正式生效，海管局成立，它标志着一套公认的国际海底区域制度的基本确立。❶

（三）《执行协定》对《海洋法公约》的修改

《执行协定》主要对"区域"制度的实质性条款作了修改，但从其内容来看，没有出现"修正"或"修改"的词语，只用了"不适用"的词语。一般认为，这一方面是考虑了发展中国家的意见和要求，另外一方面是条约的修正和修改通常是针对已经生效的条约，《执行协定》通过时《海洋法公约》并未生效。《执行协定》的通过，为统一实施《海洋法公约》"区域"制度和原则创造了有利条件。《执行协定》修改"区域"制度的内容，主要有以下几个方面。

1. 缔约国费用和机构设置问题

缔约国承担的费用多少，取决于根据《海洋法公约》设立的"区域"机关。根据《海洋法公约》的规定，海管局是缔约国组织和管理"区域"活动的机关，主要机构为大会、理事会和秘书处；理事会下设经济规划委员会、法律和技术委员会；还有专门在"区域"内直接进行勘探和开发活动的企业部。这种庞大的机构设置会使缔约国的费用负担沉重。鉴于"区域"的商业开采还要一段时间才能进行，在过渡时期对海管局的设置采取循序渐进的方法，无须设立过多的附属机构，节约开支提高效率，《执行协定》附件第1节第1-3段规定，为了减少缔约国承担的费用，按照《海洋法公约》和《执行协定》所设立的所有机关和附属机构都应具有成本效益。这项原则也应适用于举行会议的次数，会期的长短和时间安排。同时考虑到履行职务的实际需

---

❶ 刘中民.国际海底制度之争［J］.海洋世界，2017（1）：32.

要，海管局各机关和附属机构的设立和运转应采取渐进的方式。《执行协定》附件第1节第14段规定，海管局应有自己的预算，其行政开支应由其成员缴付的付费支付，直到海管局从其他来源得到足够的资金。

为此，根据《执行协定》的规定，海管局增设了财务委员会，暂不设经济规划委员会与企业部，经济规划委员会的任务由法律和技术委员会代行，企业部职务由秘书处代行。

2. 政策和决策

根据《海洋法公约》的规定，海管局的决策机构是大会、理事会及其咨询机构——经济委员会和法律技术委员会。《执行协定》提高了理事会的地位，附件第3节第1段规定，海管局的一般政策由大会会同理事会制定，这与《海洋法公约》第160条第1款的规定显然不同，扩大了理事会向大会作出建议事项的范围，例如，《公约》第160条第2款（f）项（1）目规定，理事会只能对审议和核准关于公平分享从深海底活动取得的财政及其他经济利益和依据第82条所缴的费用和实物的规则、规章和程序向大会作出建议，而《执行协定》则是属于理事会主管范围的任何事项。

《执行协定》还修改了《海洋法公约》第162条第8款规定的三级表决制，采用了协商一致原则与理事会成员各分组的多数票否决制度。例如，《执行协定》附件第3节第2段规定，作为一般规则，海管局各机关的决策应当采取协商一致方式；第5段规定，关于实质性问题的决定，除《海洋法公约》规定由理事会协商一致决定外，应以出席并参加表决的成员2/3多数做出决定，但须理事会任一分组没有过半数反对该项决定。以每一分组内，实质问题决策以简单多数做出，可能被任何一个分组的多数票所否决；当一个国家认为其主要利益受到威胁时，还可能提出推迟决定，以便进一步磋商。

3. 审查会议和制度

《海洋法公约》第155条第1款规定，自商业生产开始进行的第15年后，大会应召开会议，审查"区域"制度的有关规定。对此，《执行协定》附件第4节规定，各缔约国同意不再盘算上述规定，但审查会议仍保留，大会可根据理事会的建议，随时审查《海洋法公约》有关"区域"内的活动政策，包括生产政策是否得到实行,"区域"的规定是否已达到其目标,以维持人类共同继承财产的原则,公平开发深海底资源,使全人类受益。

4. 技术转让

《海洋法公约》对"区域"内活动的技术转让作了详细规定,第144条规定海管局应采取措施,以取得有关"区域"活动的技术和科学知识,促进和鼓励将这种科技转让给发展中国家。附件三第5条又规定"区域"采矿承包者必须承担向企业部转让技术的义务。所谓技术是指专用设备和技术知识,包括为装配、维护和操作一个可行的系统所必要的手册、设计、操作指示、训练技术咨询和支援以及在非专属性的使用以上项目的法律权利。《海洋法公约》规定的技术转让是有偿的,属于带有强制性的义务,西方发达国家为了维护承包者的利益,不愿意接受这种条款。《执行协定》取消了承包者向企业部和发展中国家转让技术的义务,附件第5节规定,企业部和希望获得深海底采矿技术的发展中国家应设法按公平合理的商业条件,从公开市场或通过联合企业获取这种技术;如果企业部或发展中国家无法获取这种技术,海管局可请承包者及其担保国提供合作,以便企业部或发展中国家按公平合理的商业条件,在符合知识产权有效保护的情况下取得这种技术。缔约国承诺为此与海管局充分而有效地合作,缔约国还应促进有关各方在"区域"的活动中进行国际技术和科学合作,或通过制定海洋科学技术及海洋环境的保护和保全方面的培训、技术援助和科学合作方案来促进这种合作。[1]

5. 生产政策

生产政策也称生产限制,随着国际海底多金属结核的广泛开采,这些金属的市场价格可能降低,为了合理地开发,必须防止对陆地同类矿物生产国产生不利影响,并对海底金属矿物的产品加以适当限制,依照《海洋法公约》第151条的规定,在处理这一问题时,应促进从海底区域和其他来源矿物价格合理稳定,对生产者有利,对消费者也公平,并促进供求的长期平衡。为

---

[1] 联合国秘书长关于《联合国海洋法公约》中有关深海底采矿的规定所涉及的未解决问题的协商,联合国大会文件 A/48/950. p28.

维护发展中陆产国的利益，应使它们的经济或出口效益不致因某一受影响矿物的价格或该矿物的出口量而遭受不良影响。同时，也应使消费者从海底生产获取合理的供应，以保证消费者的利益。公约的生产限额是一种过渡性措施，为确定这种限额制定了公式。过渡期间应自根据核准的工作计划预定开垦最早的商业生产那一年1月1日以前的5年开始，在25年的过渡期间内，国际海底矿物产量不许超过镍需求量增长率的60%。如果以能够取得数据的近15年期间的实际镍消费量增长率小于3%，则3%作为生产的最低限额，但最高限额无论如何不得超出年消费量增长率的100%。这是为维护陆产国利益而制定的"保障条款"。显而易见，这一公式对海底采矿的承包者不利。

《执行协定》对《海洋法公约》涉及"区域"矿物生产政策的制度作了调整和修改。附件第6节规定，根据市场经济原则，海管局的生产政策应遵循的原则有：健全的商业原则、《关税和贸易总协定》、其有关守则和待续协定或替代协定的规定；除特别规定外，"区域"内的活动不应获得补贴；对于从"区域"和其他来源取得的矿物，不应有区别待遇，等等。总之，《执行协定》的生产政策是以自由市场公平竞争原则为依据的，对"区域"内的活动不补贴，陆地和深海底矿产贸易不歧视，完全由全球的市场供应关系来决定，《海洋法公约》所规定的生产限额公式不再适用。[1]

6. 经济援助

随着深海矿产资源的开发，多金属结核的市场价格可能下降，这就会给陆地矿物生产国特别是像智利、秘鲁、赞比亚、扎伊尔等发展中国家带来不利影响，它们要求必要的补偿。根据《海洋法公约》第151条第10款的规定，海管局建立一种补偿制度或采取其他经济调整援助措施，帮助发展中的陆地生产国减轻由于深海采矿导致出口量减少和价格降低所造成的出口效益或经济上遭受的严重损失。

《执行协定》将《海洋法公约》中对受不利影响的发展中国家的经济援助，从原来违反市场经济原则的补偿制度修改为海管局有限的财政范围内的

---

[1] 联合国秘书长关于《联合国海洋法公约》中有关深海底采矿的规定所涉及的未解决问题的协商，联合国大会文件 A/48/950. pp29-30.

经济援助制度。附件第 7 节规定海管局向那些出口受益或经济因某一受影响矿物的价格或该矿物的出口量降低而遭受严重不良影响的发展中国家提供援助的政策应遵循的原则,比如,海管局应从其经费中超出海管局行政开支所需的部分拨款设立一个经济援助基金,为此目的拨出的款额,应由理事会不时地根据账务委员会的建议拟定,只有从承包者(包括企业部)收到的付款和自愿捐款才可用来设立经济援助基金等。

7. 合同的财政条款

《海洋法公约》附件三第 13 条规定承包者向海管局提出的第一项勘探和开发合同,需缴纳申请费 50 万美元;承包者应自合同生效之日起,缴纳固定年费 100 万美元;自商业生产开始之日起,承包者可以选择只缴付生产费或同时缴付生产费和一份收益净额。

《执行协定》附件第 8 节规定,承包者向海管局缴费的制度应公平,如果采用两种不同的制度,承包者能有权选择;这一制度下的费率应不超过相同或同类矿物的陆上采矿费率。当工作计划只限于勘探或开发阶段的两者之一时,申请费为 25 万美元;承包者自商业生产开始之日起应交付固定年费,年费由理事会决定;缴费制度可视情况的变化定期加以修改,任何修改的适用不应加以歧视,对于已有的合同,这种修改只有承包者自行选择方可适用。显然,这也大幅度地减轻了承包者的经济负担。

8. 财务委员会

财务委员会是根据《海洋法公约》第 160 条第 2 款为解决财务和预算问题而新设立的海管局附属机构。《执行协定》附件第 9 节明文规定设立财务委员会,是控制海管局预算、监视海管局财政问题的强有力机关。委员会由 15 名委员组成,由大会选举产生。大会或理事会就协定规定的六类问题作出的决定,应考虑财务委员会的建议。账务委员会成立后,《海洋法公约》第 162 条第 2 款关于设立附属机构来处理财务管理和财政安排的规定应视为已得到遵行。

三、国际海底管理局

为了全面管理国际海底区域的资源勘探、开发和利用等活动，根据《海洋法公约》设立了海管局，公约第十一部分第四节就海管局的组成及职能等做了明确规定。1994年《海洋法公约》生效后，海管局同年在牙买加首都金斯敦成立，海管局由所有缔约国在主权平等原则的基础上组成，设有大会、理事会和秘书处三个主要机关。

大会由所有缔约国代表组成，是海管局的最高机关。大会的每一成员都有一个表决权，程序问题以出席并参加表决的成员方半数做出决定，实质问题则需要2/3多数做出决定。大会拥有制定一般性政策、选举理事会成员、设立必要的附属机关和决定海管局的预算等方面的权利。

理事会是海管局的执行机关，向大会负责，按大会制定的一般政策制定具体政策。理事会由36个成员方代表组成，由大会按消费国（4名）、投资国（4名）、出口国（4名）、代表特殊利益国（如人口众多、内陆国等）（6名）以及地区公平分配（18名）的原则选出，任期4年。每个理事国有一个投票权，程序问题以出席并参加表决的成员方半数做出决定，实质问题则需要2/3或3/4多数才能做出决定。理事会还设有经济规划委员会、法律和技术委员会。理事会的职权包括向大会提出选举秘书长候选人名单、必要时设立附属机关、制定理事会议事规则、代表海管局在其职权范围内同联合国或其他国际组织缔结经大会批准的协定等。

秘书处由秘书长和其他工作人员组成，是海管局办理行政事务的常设机关。秘书长是海管局的行政首长，任期4年。在大会和理事会以及任何附属机关的一切会议上以其身份执行职务，并执行此种机关交给秘书长的其他行政职务。秘书长应就海管局的工作向大会提出年度报告。

四、国际海底区域的勘探和开发规章

（一）探矿守则

除了《海洋法公约》和《执行协定》外，海管局在工作中制定了一系列

"区域"不同矿物资源的探矿和勘探规章,目前包括2000年《"区域"内的多金属结核探矿和勘探规章》❶、2010年《"区域"内多金属硫化物探矿和勘探规章》❷、2012年《"区域"内富钴铁锰结壳探矿和勘探规章》❸。上述文件与海管局的法律和技术委员会通过的《指导承包者评估区域内多金属结构勘探活动可能对环境造成的影响的建议》共同构成了完整的"探矿守则"(Mining Code)❹,上述三个规章是《海洋法公约》及其《执行协定》内容的具体化,对各国的勘探开发活动具有法律拘束力。

(二)《"区域"矿物资源开发规章草案》

2010年,在海管局第16届年会上,俄罗斯、墨西哥、印度、巴西、阿根廷等国家就提出要尽早开展采矿规则研究。在2011年海管局理事会上,斐济代表团提请着手拟定"区域"内矿产资源开发规章。海管局秘书处着手编写了关于拟定开发规章的战略计划。2012年,海管局秘书长在第18届理事会上,提出了《关于拟定"区域"内多金属结核开发规章的工作计划》❺,并且将此类规章制定工作作为海管局工作方案的优先事项,深海矿产资源开发规章的制定正式提上日程,国际海底活动的重心已进入一个历史性转折期,即从勘探阶段向勘探与开发准备期过渡。❻ 2016年7月,海管局发布了《"区域"内矿产资源开发和标准合同条款规章工作草案》❼,并广泛征求意见。2017年1月,海管局公布了《"区域"矿物资源开发规章草案,环境事项》❽

---

❶ Regulations on Prospecting and Exploration for Polymetallic Nodules in the Area (adopted 13 July 2000) which was later updated and adopted 25 July 2013.
❷ Regulations on Prospecting and Exploration for Polymetallic Sulphides in the Area, 2010年5月7日通过。
❸ Regulations on Prospecting and Exploration for Cobalt-Rich Crusts, 2012年7月27日通过。
❹ "Mining Code" [EB/OL]. https://www.isa.org.jm/mining-code/Regulations [2019-2-21].
❺ Work Plan for the Formulation of Regulations for the Exploitation of Polymetallic Nodules in the Area.
❻ Aline Jaeckel, An Environmental Management Strategy for the International Seabed Authority? The Legal Basis [J]. International Journal of Marine and Coastal Law, 2015 (30): 119.
❼ Working Draft Regulations and Standard Contract Terms on Exploitation for Mineral Resources in the Area.
❽ Development and Drafting of Regulations on Exploitation for Mineral Resources in the Area, Environmental Matters.

(以下简称《环境草案》）。2017年8月，海管局发布了《"区域"矿物资源开发规章草案》❶（以下简称《开发草案》。此外，有关海管局规章的草案（以下简称《海管局草案》）也在讨论中。

人类开发陆地矿产资源已有数百年的历史，并形成了一套相对成熟的监管机制，但深海海底矿产资源的商业开发却还尚未进行过。尽管"区域"内矿产资源开发与陆地矿产资源开发会有一些相似的环节和技术，"区域"内矿产资源开发规章制定可以借鉴陆地矿业制度中的一些概念与做法，但由于在一些问题（如现有勘探程度、环境保护要求、采掘输送及物流、资源所有权等）上的不同，"区域"内矿产开发规章与陆地矿业制度在形式和实质上都将会有很大的差异。从大的方面来说，"区域"内矿产资源开发与陆地矿业有以下两个方面的不同：一是资源所有权不同，"区域"内矿产资源属于"人类共同继承财产"，而陆地矿产资源则是由某个国家或地方系统控制；二是活动环境不同，"区域"内矿产资源开发活动在数千米的深海海底，除需要特殊的技术和装备外，采矿活动对深海环境的影响及其监控也与陆地采矿不一样。根据这个特点，海管局2012年理事会秘书长报告中提出"区域"资源开发规章制定的原则是："确保根据《海洋法公约》和《执行协定》建立适当的管理机制，为未来'区域'矿产资源的开发提供充分的使用权保障，同时确保有效保护海洋环境。"❷ 基于这个原则，"区域"内矿产资源开发规章制定的主题可以归纳为两个：一是在"人类共同继承财产"原则下，建立合理的商业开采制度，以可行的商业模式促进"区域"内资源的开发利用以造福全人类；二是建立科学的环境监管制度，在"可持续发展"目标下有效监控采矿活动对海洋环境的影响。

1.《开发草案》的主要内容及争议

国际海底区域关于矿物资源的开发规则的制定，采用各个击破、由分到总的方式，即先分别制定"开发规章""环境规章"和"海管局规章"，然后

---

❶ Draft Regulations on Exploitation of Mineral Resources in the Area.

❷ International Seabed Authority. Report of the Secretary-General of the International Seabed Authority under article 166, ISBA/18/A/2, 2012, p.17.

再考虑是否将三个分规章合并起来，形成一个统一的"开采法典"。❶

"开采规章"包括十一部分，共59条，另外还有9项附件。第一部分是"导论"，主要是"用语"和"范围"的界定。第二部分是"核准以合同形式的申请开采计划"，内容涵盖了申请形式、申请费用、申请程序、法技委核准申请的考虑因素以及理事会核准申请的考虑因素等。第三部分是"开采合同"，主要有开采合同条文、权利义务的转让等。第四部分是"开采工作计划的评估和修改"，包括承包商开采计划的修改和对按计划进行的开采活动的评估。第五部分是"合同财政条款"，主要有年费、支付矿区使用费的义务、利润、退款、财务检查和审计、未按期支付矿区使用费的利息计算及其惩罚措施、因未支付矿区使用费而导致的合同暂停实施或终止、有关矿区使用费的计算和支付的争议等。第六部分是"信息的收集和处理"，如信息的可靠性、有关开采合同信息的报送等。第七部分是"一般规定"，包括通知和一般程序、承包商指南的建议、合作与信息交换的义务、沿海国的权利等。第八部分是"检查"，如检查员的职责等。第九部分是"实施和惩罚"，如采取法律救济行动的权利等。第十部分是"争端解决"，如规定了行政审议机制等。第十一部分是"海管局规章的审议"。之前的与探矿守则相比，《开发草案》增加了独立专家的审查制度、开采合同抵押、开采合同权利和义务的转移等，特别是开采合同的交税条款、监督（审计）、处罚制度等新内容。

不过，相关利益方对一些条款存在比较大的争议。勘探合同承包者们无疑要求保障资源开发的权利，主张"只有形成可持续的矿物资源回收，人类共同财产的价值才能得以实现"，并引用《海洋法公约》《执行协定》的相关表述要求开发规章的制定"应当确保'区域'资源的开发""吸引投资和技术向资源的勘探开发的投入"，与此同时，为了尽可能扩展自己的发展空间，在规章制定对具体条款讨论时主张在开发活动的早期采取较低或免费的特许费用和税收以降低投资风险等。而一些没有进行资源开发意向的非政府组织，则提出"区域"资源"不仅是当代也是后代的人类共同继承财产"，海管局

---

❶ 杨泽伟. 国际海底区域"开采法典"的制定与中国的应有立场 [J]. 当代法学, 2018 (2): 28.

应当用"长远的历史眼光"来看待这些资源及其开发。因此,"目前对于工业界不具吸引力的(资源开发)缴费机制,在未来很可能变得是可以接受的。海管局应当考虑现在给(开发者)采矿权是否可取,否则,到未来再进行开采可能对人类给予更多回报"。也有一些勘探合同承包者介于当前商业开发时机不成熟而表示"当前关于深海采矿的技术和风险缺乏必要的信息,因此无法进行有关开发活动缴费机制的讨论"。而拥有海洋工程技术优势的装备制造商则强调,当前"海管局更应该关注可行的技术,关心应该发展哪些技术,支持先进技术的发展,支持从勘探向开采过渡的采矿中尝试"。

2.《环境草案》

《海洋法公约》对海洋环境保护问题特别重视,在第十二部分专门规定了"海洋环境的保护和保全",第十一部分中第 145 条也是"海洋环境的保护"的专门条款;在三个探矿规章中,海洋环境保护也占了相当重要的地位;正在拟定"开采法典"中也有专门的《环境草案》。"环境规章"包括十六部分共 81 条,还有 6 项附件。

第一部分是"导论",主要是"用语"和"范围"的界定。第二部分是"一般事项",主要包括在"区域"内海管局的环境义务和目标、指导原则以及限制和禁止性规定。第三部分是"环境评估",内容涵盖了环境基线、环境范围报告、环境风险评估和评价以及替代方案、减缓措施和管理措施等。第四部分是"环境规划的准备",主要有环境影响声明、环境管理系统、环境管理和监督计划以及开采活动的关停计划等。第五部分是"海管局对环境规划的初步审议",如已核准的开采活动的审议申请等。第六部分是"公布和咨商",包括通告申请核准的开采活动计划、公布环境规划、相关利益攸关方对环境规划的审议、申请者对相关利益攸关方提出的意见的回应、海管局对咨商意见的审议和呈送法技委的报告等。第七部分是"法技委对环境规划的审议",主要有法技委对环境规划评估的过程及建议程序、开采活动计划中有关环境事项的修正和修改、环保行动保证金、法技委向理事会提供的有关环境规划评估的建议等。第八部分是"环境规划的修改和定期审议"。第九部分是"环境管理和监督",包括适应性管理方法、保护海洋环境免遭破坏性活动、环境事故等。第十部分是"社会和文化管理"。第十一部分是"关停计划以及关停后的监督"。第十二部分是"补偿措施",如环境责任信托基金的建立等。第十三部分是"数据和信息管理",主要规定了海管局和承包商各自的义务。第十四部分是"遵守、监督和实施",如紧急命令、采取救济行动的权利以及惩罚措施等。第十五部分是"年度报告义务",主要是承包商的年度报告。第十六部分是"其他的行政事项",如公开登记制度、本规章的审议和修订等。

《环境草案》较为详细地规定了"区域"环境保护的内容,不但规定了"区域"环境保护的一般指导原则,而且对"区域"环境影响评估、环境保护规划、环境规划审议以及补救和惩罚措施等内容做了较为详细的制度设计和安排。对承包商施加了较多的"区域"环境保护义务和要求,如"关停计划"的规定、"环境责任信托基金"的设立等,这不但意味着承包者需要履行更多的环境保护义务,而且也将导致承包者在"区域"内进行资源开采活动的经济负担进一步加重,容易招致承包者的反对等。

事实上,在"区域"资源开发活动对环境影响方面存在两种截然不同的观点:开发派认为现代科技能够保证"区域"资源开发活动对环境的影响是可控的,甚至是无破坏的,因而主张海管局不应建立太严格的标准以避免影响承包者进入"区域"进行资源开发活动的积极性;环保派则认为"区域"资源开发活动将不可避免地会对"区域"环境带来很大的破坏,主张对"区域"资源开采活动规定严厉的环保要求。这种分歧和争论,其实就是长期以来普遍存在的发展与环境的关系问题,找到二者的平衡点才能解决问题。

五、国际海底区域活动对海洋环境的影响

"区域"的勘探活动对于海洋环境的影响除了具有与前述近海活动类似的污染外,更多的影响是深海所独有的、可能目前并没有被人类所能全部揭示的。一般的深海生态系统,特别是目前已知的多金属结核分布区域,其生物环境具备以下四种极其重要的特征。❶ 第一个环境特征是该区域的极端低生产

---

❶ 关于深海生态系统的四个特征,参见王斌.太平洋国际海底区域资源开发的海洋环境保护[J].太平洋学报,2002(2):88-89.

力，已经发现的深海大多数食物来自于表面水及营养层下降4000—5000米后的积累，中间含有大量的不可食颗粒，结果造成动物丰度很低，动物活动率也很低。第二个环境特征是低物质能量，深海的生态系统能流比较低，沉积、侵蚀、堆积等物理过程也少见，这样形成了一个更多被生物过程控制的特殊环境，而多金属结核周围则是一种不同于其他沉积物周围的动物群落。当多金属结核被勘探开发时，相关群落也会产生变化。第三个环境特征是多金属结核周围栖息的生物具有高度生物多样性，目前估计整个深海区域拥有1万至1000万个微生物区系种。如此高的物种多样性同时又是非常低的种群密度或丰度的结果之一，这就意味着一旦有大规模活动，将导致大规模的物种灭绝，这会对海洋生物基因资源带来灭顶之灾。第四个环境特征是尽管各个海底区域都是相对单一的区域，并拥有类似的海洋生态学特征，但是其生物区系仍存在梯度区分，这是由于海底的有机物总量存在梯度造成的，在多金属结核丰富区也有梯度存在。因此，若要防止深海物种灭绝，保护对照区域就需要贯穿区域设置的许多保护站点。❶

到目前为止，人类对于深海的认识还在不断深入，比较一致的认识是深海勘探开发活动对于环境的影响是至关重要的，所以在"区域"活动的法律规定中对于环境保护给予了比较多的关注。

根据《海洋法公约》第十二部分关于"海洋环境的保护与保全"中的规定，为了防止、减少和控制"区域"内活动对海洋环境的污染，应按照第十一部分制定的国际规则、规章和程序来执行。《海洋法公约》在第十一部分第二节对于"区域"活动涉及的海洋环境保护做了原则性的规定。授权国际海底管理局制定适当的规则、规章和程序以确保切实保护海洋环境，不受"区域"活动可能产生的有害影响（第145条）。对于考古和历史文物（第149条）以及区域内活动与海洋环境中的活动的相互适应做了明确规定（第147条）。1994年《执行协定》主要关注生产政策、技术转让等事项，并没有就环境保护问题做专门规定。

---

❶ 王斌. 太平洋国际海底区域资源开发的海洋环境保护 [J]. 太平洋学报，2002（2）：89.

2000年《"区域"内的多金属结核探矿和勘探规章》❶（以下简称《多金属规章》）第二部分"探矿"中第2条规定："实质证据显示可能对海洋环境造成严重损害时，不得进行探矿。"第7条规定："对于探矿引起的对海洋环境造成严重损害的事故，探矿者应立即以最有效方式通知秘书长。秘书长在收到通知后应依照第32条❷规定行事。"《多金属规章》还在第五部分专门就"保护和保全海洋环境"做了规定。按照此部分的条款规定，海管局应依照公约和协定制定并定期审查环境规则、规章和程序，以确保有效保护海洋环境（第31条第1款）。《多金属规章》规定"区域"活动应该适用《里约宣言》原则15所阐述的预先防范办法（第31条第2款）。承包者应尽量在合理的可能范围内，利用其可获得的最佳技术，采取必要措施防止、减少和控制其"区域"内活动对海洋环境造成的污染和其他危害（第31条第3款）。承包者还应收集环境基线数据并确定环境基线，供对照评估其勘探工作计划所列的活动方案可能对海洋环境造成的影响，还要求承包者制定监测和报告这些影响的方案（第31条第4款）。如承包者申请开发权，承包者应提议专门拨作影响参照区❸和保全参照区❹的区域（第31条第7款）。

《多金属规章》第38条还规定，法律和技术委员会可以不时作出技术性或行政性建议指导承包者，协助承包者执行海管局的规则、规章和程序。1998年6月，国际海底管理局在海南三亚举办了制定区域内深海底多金属结核勘探可能对环境造成的影响的评价准则讲习班。参与者包括生物学、化学和物理海洋学领域的科学界专家，以及国际海洋政策事务专家。❺

讲习班的成果是制定了一套关于多金属结核勘探活动可能对环境造成的

---

❶ Regulations on Prospecting and Exploration for Polymetallic Nodules in the Area, 2000年7月13日通过。
❷ 第32条是第五部分"保护和保全海洋环境"中关于"紧急命令"的规定。
❸ "影响参照区（Impact reference zones）"是指反映"区域"环境特性，用作评估每一承包者在"区域"内所进行的活动对海洋环境的影响的区域。
❹ "保全参照区（Preservation reference zones）"是指不得进行采矿以确保海底的生物群具有代表性和保持稳定的区域，以便评估海洋环境的动植物区系的任何变化。
❺ 制定区域内多金属结核勘探可能对环境造成的影响的评价准则讲习班的建议 [EB/OL]. http://www.isa.org.jm/EN/sessions/1999 [2019-1-19].

影响的评价指南草案。❶草案的目的是规定承包者在采集基线数据监测其勘探活动以及向管理局报告这些活动时须遵守的程序法律和技术委员会依照 1982 年《海洋法公约》第 165 条第 2 款（e）项规定审议指南。该款要求法律和技术委员会就保护海洋环境向理事会提出建议，同时考虑到该领域的公认专家的意见。该草案分九节，在导言（第 1 节）之后，第 2 节载有定义和各种用语，第 3 节列举预计不会造成严重环境损害的活动，第 4 节则说明可能造成环境损害的活动，第 5 节涉及监测活动收集基线数据和减轻后果的方法，第 6 节涉及报告规定第 7 节的基线数据，第 8 节载有合作研究的建议，第 9 节指出环境研究方面的一些未来需求。❷

法律和技术委员会在其 1999 年 8 月和 2000 年 7 月的会议上审议了指南草案。委员会深知有必要提出简单而实用的建议，以协助承包者履行《多金属规章》规定的义务，建立环境基线。委员会认为，鉴于建议的技术性较强，而且关于勘探活动对海洋环境的影响了解有限，有必要提出有关技术建议的解释性评注。❸

随着科学技术的发展，人类对于海底的认识也在不断深入。多金属硫化物和铁锰结壳的勘探与开发也引起了各国的关注。国际海底管理局分别于 2010 年和 2012 年通过了《"区域"内多金属硫化物探矿和勘探规章草案》和《"区域"内富钴铁锰结壳探矿和勘探规章》，这两个规章中关于海洋保护的内容与 2000 年《多金属规章》大体类似。

2010 年 5 月—2011 年 2 月，国际海洋法法庭受理的第 17 号案❹——国家担保个人和实体在"区域"内活动的责任和义务的咨询意见，是国际海洋法

---

❶ International Seabed Authority. Guidelines for the Assessment of the Environmental Impacts from the Exploration for Polymerallie Nodules in the Area, in Deep-Seabed Polymetallie Nodule Exploitation: Development of Environmental Guidelines [EB/OL]. http://www.isa.org.jm/files/documents/EN/Pubs/1998 Proceedings.pdf [2019-2-25].

❷ 王斌. 太平洋国际海底区域资源开发的海洋环境保护 [J]. 太平洋学报，2002（2）：93.

❸ 指导承包者评估区域内多金属结核勘探活动可能对环境造成的影响的建议 [EB/OL]. http://www.isa.org.jm/en/mcode [2019-2-26].

❹ Responsibilities and obligations of States sponsoring persons and entities with respect to activities in the Area (Request for Advisory Opinion submitted to the Seabed Disputes Chamber).

法庭首例咨询意见案，也是海底分庭的首例案件。海底分庭发表的法律咨询意见是对《海洋法公约》有关条款和问题的权威解读，为国际社会所瞩目。

咨询意见认为，按照《海洋法公约》和有关法律文件的规定，缔约国在担保"区域"内活动方面的法律责任和义务包括两大类："确保遵守"的原则性义务和其他的直接义务。

第一，"确保遵守"的原则性义务。担保国应确保被担保的承包者遵守合同条款和《海洋法公约》及相关法律文书中所规定的义务。这是一种"尽责"（Due Diligence）❶的义务。担保国必须尽最大努力确保被担保的承包者履行义务。尽职义务要求担保国在其法律制度范围内采取措施，这些措施应由法律、规章和行政措施构成，所采取的措施必须"合理和适当"。❷

第二，其他的直接义务。一是根据《海洋法公约》第153条第4款的规定协助海管局的义务。二是履行《"区域"内多金属结核探矿和勘探规章》（以下简称《锰结核规章》）、《"区域"内多金属硫化物探矿和勘探规章》（以下简称《硫化物规章》）和《里约宣言》第15项原则所规定的风险预防措施（Precautionary Approach）的义务，该项义务也是担保国"尽职"义务的组成部分。三是《硫化物规章》中规定的"最佳环境做法"的义务同样适用于《锰结核规章》。四是采取措施确保在海管局发出保护海洋环境紧急命令时提供保证的义务。五是提供索赔渠道的义务。

此外，担保国履行尽职义务，采取措施保护海洋环境是担保国义务的重要组成部分。咨询意见指出，担保国应确保被担保方进行环境影响评价。这也是习惯法所规定的一般性义务，是《海洋法公约》第206条所规定的所有缔约国的一项直接义务，也是《海洋法公约》第153条第4款所规定的担保

---

❶ Due diligence，中文翻译不同。在国际法委员会的文件中，1999年《特别报告员彭马拉朱·斯里尼瓦萨·拉奥：危险活动所致跨界损害的损失分配法律制度第二次报告》（A/CN.4/501）的中文本称为"应有注意义务"；2006年《预防危险活动的跨界损害条款草案评注》的中文本称为"适当注意义务"，2006年《特别报告员彭马拉朱·斯里尼瓦萨·拉奥：危险活动所致跨界损害的损失分配法律制度第三次报告》（A/CN.4/566）的中文本称为"应有谨慎义务"，2016年《村濑信也：关于保护大气层的第三次报告》（A/CN.4/692）的中文本称为"尽职义务"。此外中文文献中还有"谨慎处理义务""适当谨慎义务""尽责义务"等不同的翻译。

❷ 高之国，等. 浅析国际海洋法法庭首例咨询意见案 [J]. 环境保护，2012 (16)：52.

国协助海管局的重要内容。❶ 各国如有合理根据，认为在其管辖或控制的计划中的活动可能对海洋环境造成重大污染或重大和有害的变化，应在实际可行范围内就这种活动可能对海洋环境造成的影响作出评价，并应依照规定的方式提送这些评估结果报告。

关于缔约国对被担保的实体违反《海洋法公约》与《执行协定》的规定应承担何种程度的赔偿责任，海底分庭在咨询意见中一致认为，担保国的责任源于其未履行《海洋法公约》及相关法律文书中的义务，而被担保的承包者未能履行其义务这件事本身不能引起担保国的责任。担保国承担责任的要件包括：一是没有履行《海洋法公约》规定的义务（Responsibilities）；二是发生了损害。

总体上看，国际海洋法法庭关于第17号案的咨询意见，澄清了担保国的义务与责任范围，这为担保国履行其义务和责任提供了一个比较透明、清晰的框架。在此框架下，担保国必须确保所担保的承包者遵守《海洋法公约》及其相关附件、海管局规则、规章和程序以及合同条款规定的义务。❷ 当然，承包者、海管局和对有关活动行使管辖或控制的国家也应按照它们各自的过错程度对承包者的不法行为造成的实际损害承担责任，而担保国只应对所担保的承包者应当承担的损害部分负责。❸

六、中国在国际海底区域的活动

（一）探矿活动

中国政府把大洋矿产资源勘探开发列为国家长远发展项目并给予专项投资支持。1990年，国务院批准成立了负责协调管理大洋矿产资源勘探开发活动的专门机构——"中国大洋矿产资源研究开发协会"（以下简称中国大洋协

---

❶ 付玉. 国际海洋法法庭咨询意见与中国海底矿产资源可持续开发利用 [C]. 第13届中国科协年会第6分会场：绿色经济与沿海城市可持续发展战略研讨会论文集，2011：2.

❷ 余民才. 担保国的责任和义务咨询意见评述 [J]. 重庆理工大学学报（社会科学），2012（1）：58.

❸ 高健军. 国际海底区域内活动担保国的赔偿责任 [J]. 国际安全研究，2013（5）：46.

会）。1991年3月，中国大洋协会成为在联合国海底筹委会登记注册的国际海底区域开发的先驱投资者，并获得7.5万平方公里的专属勘探区。

1997年，海管局批准了中国大洋协会在其多金属结核矿区15年的勘探工作计划。2001年5月，中国大洋协会与海管局签订了《勘探合同》，这标志着中国大洋协会正式从国际海底开辟活动的先驱投资者成为国际海底资源勘探的承包者。

2001年5月，中国大洋协会与海管局在北京签订了《国际海底多金属结核资源勘探合同》，以法律形式明确了大洋协会对7.5万平方公里的合同区内多金属结核具有专属勘探权和优先商业开采权。按照《海洋法公约》和海管局的有关规定，中国大洋协会在获得15万平方公里开辟区之后的8年内，经过大量资源调查与评价，分别于1996年3月5日放弃了开辟区面积的30%，1999年3月5日放弃了开辟区面积的20%，最终保留了7.5万平方公里相对较优质的多金属结核矿区。

2011年8月，海管局理事会核准了中国大洋协会提出的多金属硫化物矿区申请，使大洋协会在西南印度洋国际海底区域获得了1万平方公里具有专属勘探权的多金属硫化物资源矿区，并在未来开发该资源时享有优先开采权。❶ 2014年，中国大洋协会又在东北太平洋获得面积为3000平方公里的富钴结壳合同区，使中国成为世界上第一个在国际海底区域拥有"三种资源、三块矿区"的国家。❷

2017年5月12日，海管局与中国五矿集团公司在北京签署了为期15年的多金属结核勘探合同，该合同区块位于太平洋克拉里昂-克利伯顿断裂区内，覆盖面积72745平方公里，这是中国获得的第四块国际海底专属勘探矿区，五矿集团因此成为中国第一个，也是目前唯一的深海矿区勘探企业承包者。❸

---

❶ 中国大洋协会在印度洋获得多金属硫化物资源矿区［EB/OL］. http://www.gov.cn/jrzg/2011-08/02/content_1918424.htm［2019-3-1］.

❷ 协会简介［EB/OL］. http://www.comra.org/2013-09/23/content_6322477.htm［2019-3-1］.

❸ 中国五矿首次国际海底区域调查今日启航［EB/OL］. http://www.sasac.gov.cn/n2588025/n2588124/c7799826/content.html［2019-3-1］.

（二）立法活动

为了规范深海海底区域资源勘探、开发活动，推进深海科学技术研究、资源调查，保护海洋环境，促进深海海底区域资源可持续利用和维护人类共同利益，中国在2016年通过了《中华人民共和国深海海底区域资源勘探开发法》（以下简称《深海海底区域资源勘探开发法》），这是第一部规范中国公民、法人或者其他组织在国家管辖范围以外海域从事深海海底区域资源勘探、开发活动的法律。这部法律的制定向国际社会表明了中国积极履行《海洋法公约》缔约国义务的态度，是中国作为《海洋法公约》缔约国积极履行公约义务的体现。

《深海海底区域资源勘探开发法》共七章，29条，其规定的是原则性、框架性的法律条文。2017年，国家海洋局公布了《深海海底区域资源勘探开发许可管理办法》，该管理办法是《深海海底区域资源勘探开发法》的配套措施，同年通过了《深海海底区域资源勘探开发资料管理办法》《深海海底区域资源勘探开发样品管理办法》《深海海底区域资源勘探环境调查与评价管理办法》，我国通过规范性文件的方式对《深海海底区域资源勘探开发法》的配套制度体系进行了设计。

针对目前国际海底管理局正在进行的法典编纂，我国认为《海洋法公约》确立海底开发制度的目的是可持续利用国际海底资源，造福全人类。开发规章制定应体现这一立法精神，坚持以促进海底矿产资源勘探开发为导向，同时兼顾海洋环境保护。开发规章制定应符合包括《海洋法公约》在内的国际法，应从国际社会和大多数国家最迫切的需要出发，有关标准应与产业和技术的发展相适应，其制度安排要有充分的科学和事实依据。开发规章制定涉及采矿、财务、环保、法律等多个领域，是一项艰巨复杂的系统工程，其制定不能急于求成，而应充分考虑国际社会整体利益以及大多数国家特别是发展中国家的利益，循序渐进、稳步推进。❶ 在 2018 年国际海底管理局第 24 届会议上，中国代表针对《开发草案》的框架结构，及第三、四、七、八、九部分中的具体问题提出了我国的立场和完善建议，❷ 并努力在法典编纂中起引领者的作用，中国将一如既往地支持和参与国际海底管理局的工作，切实承担起国际海底管理局成员方的责任，共同推进国际海底活动规范化。❸

（三）国际合作

作为国际海底区域活动的先行者，我国同时关注"区域"的环境保护问题。2017 年 8 月，在国际海底管理局 23 届大会期间，中国大洋协会举办了"资源开发与环境保护的平衡"主题的边会，协会秘书长刘峰在会上介绍了近期中国在富钴结壳合同区的有关工作，并初步提出合作开展"西北太平洋富钴结壳三角区的区域环境管理计划"的倡议。

区域环境管理计划（REMP）是降低人类活动对海洋生态系统造成风险的有效和必要方式。目前，位于东太平洋的克拉里昂—克利珀顿断裂区的区域环境管理计划是国际海底管理局制订的唯一一个区域环境管理计划。联合国代表大会决议和国际海底管理局文件中多次建议在其他区域，尤其是深海矿区，制订并执行区域环境管理计划。西北太平洋海山区是全球海山分布最密集的区域，也是全球富钴结壳资源最为富集的区域，具有重要的科学研究和商业开发价值。

中国大洋协会提出在西北太平洋的富钴结壳三角区合作开展区域环境管理，得到了国际海底管理局的赞同。2018 年 5 月，"西北太平洋富钴结壳三角区的区域环境管理计划"研讨会在青岛召开，国际海底管理局秘书长迈克·洛奇、自然资源部党组成员林山青出席会议。来自美国、澳大利亚、新西兰、

---

❶ 出席国际海底管理局第 22 届会议的中国代表团副团长高风在"'区域'内矿产资源开采规章草案"议题下的发言 [EB/OL]. http://china-isa.jm.china-embassy.org/chn/hdxx/t1388582.htm [2019-3-1].

❷ 中国代表团在相关议题下的发言 [EB/OL]. http://china-isa.jm.china-embassy.org/chn/hdxx/ [2019-3-1].

❸ 方正飞. 中国大洋协会与国际海底管理局签署协议 [N]. 中国海洋报，2017-5-12.

俄罗斯、挪威、葡萄牙、意大利、巴西、斐济、韩国、日本等国的专家、学者共119人就西北太平洋富钴结壳的区域环境管理计划展开研讨和展望。会议以"科学与制度、合作与共享"为主题,围绕"法律制度框架、海山生境与人类活动影响、区域环境管理计划建议"三大议题展开,力争就区域环境管理计划的设计及工作框架初步设想形成共识,提出一个国际合作计划,这也是执行我国"全球治理"理念的具体体现。

第七章

国家管辖范围以外海域的生物多样性保护问题

/第七章/ 国家管辖范围以外海域的生物多样性保护问题

生物多样性这个概念描述了地球上生命形式的丰富多彩,它涵盖了陆地、淡水和海洋中的所有植物、动物和微生物。生物多样性主要体现在三个层次:遗传基因、物种和生态系统。生物多样性是指所有的生物、其赖以生存的生态系统以及生物之间的相互关系。❶

在正常的环境下,不同生物之间相互影响,并为人类提供维持生命所必需的物品和服务,包括洁净的水源、空气、食物、燃料、纤维和药物、肥沃的土地、充足的植物营养、庄稼和牲畜。生物多样性越丰富,人类在医学研究、经济发展和应对挑战(如气候变化)上就会有更多的机会。生物多样性不仅是生物生活在地球上的基础,也是使它们聚合在一起的黏合剂。

海洋,其覆盖面积超过了地球表面积的2/3,有着丰富的生物多样性。很早以前人类就开始从海洋获取鱼类资源。目前,全球约有4900万渔民,还有2.12亿人从事与海洋相关的工作(例如,船只修理、鱼类市场等)。总之,全球有2.61亿人直接依赖渔业为生。❷ 尽管联合国粮食与农业组织(FAO)声称,自20世纪90年代起全球的野生鱼类捕捞量就没有增加过,但不可持续的捕捞行为及其他人类活动还是对海洋生物多样性带来了严重的影响和损害。2010年10月4日,历时10年的全球"海洋生物普查"项目在伦敦发布最终报告。报告指出,全球海洋生物总计可能达到100万种,其中25

---

❶❷ 丹麦科技委员会. 生物多样性全球观点(2012)[EB/OL]. http://biodiversity.wwviews.org/ [2019 3 6].

万种是人类已知的，其他75万种人类知之甚少，这些人类不甚了解的物种大多生活在未被深入考察的深海大洋或者说是国家管辖以外的海域。普查发现，一些海洋物种资源逐步衰竭，甚至濒临灭绝。例如，由于过度捕捞，鲨鱼、金枪鱼、海龟等物种在过去10年间数量锐减，部分物种的总数甚至减少90%至95%。[1] 在此情况下，各国在各自管辖的海域内，通过国内法律和政策设立各种海洋保护区进行保护，收到了比较好的效果。但在国家管辖范围以外的区域，如前一章所述，还缺乏有效的保护措施和机制。在此背景下，国际社会开启了相关的工作进程。

一、进程的缘起

1995年《生物多样性公约》缔约方大会第二届会议讨论了由生物多样性科技委员会提出的"海洋生物多样性保护的雅加达任务"，实质是制定世界海洋生物多样性保护规划，为各国开展海洋生物多样性保护提供指导性文件。

2004年在吉隆坡召开的缔约方大会第七届会议上，保护和可持续利用国家管辖范围以外的海洋生物多样性成为重点议题。会议决定设立保护区问题不限成员名额特设工作组，就国家管辖范围以外的海洋保护区的建设和深海底基因资源的养护与可持续利用开展研究，包括将海底山脉、热液喷口、冷水珊瑚和其他脆弱的生态系统纳入保护区建设范畴等。

2005年6月，工作组在意大利蒙特卡蒂尼召开了第一次会议。在会议设置的三个实质性议题中，就有一个是"关于就国家管辖范围以外建立海洋保护区问题进行合作的备选办法"。2008年召开的《生物多样性公约》缔约方大会第九届会议通过了《确定公海水域和深海生境在内的代表性海洋保护区网的选址的科学指导意见》。2010年第十届会议提出2010年至2020年至少要在包括公海在内的10%的海域建立保护区。

与此同时，联合国在此方面的工作也在不断推进。根据联合国大会1994

---

[1] Census of Marine Life, Culmination of the Census: Reporting on a Decade of Discovery, October 4th. 2010. London, UK, 转引自林新珍. 国家管辖范围以外区域海洋生物多样性的保护与管理 [J]. 太平洋学报，2011（10）：95.

年 11 月 4 日第 54/33 号决议设立的联合国海洋事务非正式协商进程,在 2004 年通过联合国大会第 59/24 号决议决定设立不限成员名额非正式特设工作组,研究 BBNJ 的养护和可持续利用有关的问题,以便:(a) 回顾联合国和其他相关国际组织过去和现在就国家管辖范围以外区域的海洋生物多样性的养护和可持续利用问题进行的活动;(b) 审查这些问题的科学、技术、经济、法律、环境、社会经济及其他方面;(c) 查明关键问题,对其进行更详尽的背景研究将有助于各国审议这些问题;(d) 酌情指出可用于促进国际合作和协调,养护和可持续利用国家管辖范围以外的海洋生物多样性的办法和方法。❶

二、联合国的工作进程

2006 年特设工作组在联合国总部召开了第一次会议,确认联合国大会在 BBNJ 养护与可持续利用方面发挥核心作用,其他组织、进程及协定在各自主管领域也起着重要的补充作用。1982 年《海洋法公约》是养护和可持续 BBNJ 的法律框架,任何与此有关的行动都必须遵行其法律制度。本次会议完整阐述了 BBNJ 涉及的相关问题,包括法律框架、渔业捕捞、海洋遗传资源、公海保护区、海洋科学研究,等等,但 77 国集团、欧盟、美俄日等之间存在严重分歧。77 国集团为代表的发展中国家更多地关注海洋遗传资源利用的相关问题;欧盟为代表的海洋环保派国家更多是关注创设公海保护区、环境影响评价管理和运行机制;美俄日为代表的海洋利用派国家,坚持先到先得、公海自由,希望依靠其先进的海洋科技手段垄断海洋遗传资源的发现与利用,反对"惠益分享",反对制定新的国际协定。本次会议的讨论内容为后续会议奠定了基础。❷

在分别于 2008 年和 2010 年举行的特设工作组第二次和第三次会议上,就各方分歧严重的问题进行了讨论,但进展缓慢。虽然未就相关议题达成一

---

❶ A/RES/59/24,2004 年 11 月 7 日联合国大会决议. 海洋和海洋法:第 73 段.

❷ A/61/65. 2006 年 3 月 20 日联合国大会文件. 研究国家管辖范围以外区域海洋生物多样性的养护和可持续利用问题的不限成员名额非正式特设工作组的报告,2006 年 3 月 9 日工作组共同主席给大会主席的送文函.

致，但认识到人类活动对于养护及可持续利用 BBNJ 的影响，为加快此议题的讨论，特设工作组建议联合国大会授权其就 BBNJ 问题提供建议，并获得了联合国大会的授权。❶ 根据联合国大会第 61/222 号决议第 92 段，报告将就下列问题提供资料：人类活动对国家管辖范围以外区域海洋生物多样性的环境影响；国家之间以及相关政府间组织和机构之间为养护和管理国家管辖范围以外区域海洋生物多样性而开展的协调与合作；划区管理工具的作用；国家管辖范围以外区域的遗传资源；以及是否存在治理或监管差距，如果存在这种差距应如何加以解决。2010 年，工作组完成了第 63/111 号和第 64/71 号决议中要求的向大会提供建议的任务，其中包括工作组通过的转交大会第六十五届会议的建议（第一节）和共同主席关于在各个议程项目下的审议过程中提出的关键问题、想法和提议的讨论摘要（第二节）（见 A/AC.276/3）。❷

2011 年特设工作组第四次会议为 BBNJ 谈判迈出了实质性的一步，77 国集团与欧盟等环保派协商将海洋遗传资源利用和生物多样性养护作为一个整体，联合建议制定《海洋法公约》第三个执行协定，一揽子解决 BBNJ 问题。涉及海洋遗传资源包括惠益分享问题、划区管理工具包括海洋保护区问题、环境影响评价、能力建设和转让海洋技术等。❸

2012 至 2014 年，在特设工作组第五至第七次会议中，尽管各方的分歧依然存在，但已开始就国际协定的范围、参数和可行性等进行讨论并向联合国大会提交建议。

2015 年 6 月 19 日联合国大会通过 69/292 号决议，根据《海洋法公约》的规定就 BBNJ 的养护和可持续利用问题拟定一份具有法律约束力的国际文书。决定在举行政府间会议之前，设立 BBNJ 谈判筹备委员会（Preparatory Committee），所有联合国会员国、专门机构成员和《海洋法公约》缔约方均可

---

❶ A/63/79. 2008 年 5 月 16 日联合国大会文件. 2008 年 5 月 15 日研究国家管辖范围以外区域海洋生物多样性的养护和可持续利用有关问题的不限成员名额非正式特设工作组共同主席给大会主席的信.

❷ A/65/68. 2010 年 5 月 17 日联合国大会文件. 2010 年 3 月 16 日不限成员名额非正式特设工作组共同主席给大会主席的信.

❸ A/66/119. 2011 年 6 月 30 日联合国大会文件. 2011 年 6 月 30 日不限成员名额非正式特设工作组共同主席给大会主席的信.

参加,并按照联合国惯例邀请其他方面作为观察员参加,以便考虑到共同主席有关研究BBNJ的养护和可持续利用有关问题不限成员名额非正式特设工作组工作的各种报告,就根据《海洋法公约》的规定拟定一份具有法律约束力的国际文书的案文草案要点,向大会提出实质性建议。联合国大会69/292号决议明确了BBNJ谈判的授权范围:谈判进程不应损害现有有关法律文件和框架以及相关的全球、区域和部门机构;谈判和谈判结果不可影响参加《海洋法公约》或任何其他相关协议的缔约国和非缔约国在这些文件中的法律地位;同时强调应以"协商一致"方式就实质性事项达成协议。该项决议明确了BBNJ是在《海洋法公约》框架下的定位,这就意味着谈判必须符合《海洋法公约》的目的、宗旨、原则和精神,不能损害《海洋法公约》的完整性和微妙平衡,亦不能减损各国依《海洋法公约》享有的航行、科研、捕鱼等方面的权利和义务。❶

2016—2017年间,BBNJ谈判筹委会共召开了四次会议。❷ 第四次会议于2017年7月10日至21日在纽约联合国总部召开,100多个成员方、政府间和非政府组织参加了本次会议。根据联合国大会69/292号决议和工作路线图要求,本次会议是筹委会最后一次会议。经过激烈的讨论,在闭会的最后一刻,会议向联合国大会提交了BBNJ问题的最终建议性文件。❸ 这意味着开始于2004年,历经11年9次特设工作组会议和2年4次筹委会会议的工作结束,正式进入政府间谈判阶段。最终通过的协定被视为《海洋法公约》的第三份执行协定,❹ 必然受到国际社会高度重视。❺ 筹委会提交的建议性文件表明,

---

❶ A/RES/69/292. 2015年6月19日大会决议. 根据《联合国海洋法公约》的规定就国家管辖范围以外区域海洋生物多样性的养护和可持续利用问题拟定一份具有法律约束力的国际文书。

❷ 会议相关信息 [EB/OL]. http://www.un.org/depts/los/biodiversity/prepcom.htm [2019-3-12].

❸ 联合国大会2017年7月31日文件, A/AC.287/2017/PC.4/2. 大会关于根据《联合国海洋法公约》的规定就国家管辖范围以外区域海洋生物多样性的养护和可持续利用问题拟定一份具有法律约束力的国际文书的第69/292号决议所设筹备委员会的报告。

❹ 两个执行协定是指《执行1982年〈联合国海洋法公约〉有关养护和管理跨界鱼类种群和高度洄游鱼类种群的规定的协定》和《关于执行1982年12月10日〈联合国海洋法公约〉第十一部分的协定》。

❺ 中国代表团出席海洋生物多样性国际协定谈判政府间大会第一次会议 [EB/OL]. https://www.fmprc.gov.cn/web/wjb_673085/zzjg_673183/tyfls_674667/xwlb_674669/t1597082.shtml [2019-3-15].

各方对BBNJ新国际文件草案内容的共识在扩大,支持通过谈判制定新的国际秩序的力量在壮大,启动政府间大会谈判的紧迫性在增加。筹委会发挥了相当大的积极作用,建议性文件在很大程度上可以作为下一步政府间谈判的基础。

2017年12月,联合国大会通过72/249号决议,决定于2018年启动政府间外交会议,在联合国主导下,根据BBNJ谈判筹委会的建议,尽快在《海洋法公约》的框架下拟定一份具有法律约束力的国际文书,会议依然分为四期,在2018—2020年间完成。

2018年9月4日至17日,"在《联合国海洋法公约》框架下就养护和可持续利用国家管辖外区域海洋生物多样性(BBNJ)拟定一份具有法律约束力的国际文书"的政府间谈判第一届会议在联合国总部召开。会议讨论了2011年商定的"一揽子"内容所确定的专题,即BBNJ养护和可持续利用,特别是作为一个整体的全部海洋遗传资源的养护和可持续利用,包括国家管辖范围外的海洋遗传资源及其惠益分享问题、包括海洋保护区在内的划区管理工具、环境影响评估、能力建设和海洋技术转让等措施。会议重点根据主席的问题式文件,对上述四个方面分为四个专题的非正式工作组进行了讨论。会议主席将以本次会议讨论的各方观点和建议为基础,起草一份不定性的文件,供第二届会议讨论。

三、BBNJ建议性文件的主要成果及遗留问题[1]

建设性文件在一些问题上达成了共识,主要成果包括以下内容。

(一)明确了BBNJ的总体目标和法律安排

BBNJ的总体目标就是要通过有效执行《海洋法公约》,确保国家管辖范围以外区域海洋生物多样性的养护和可持续利用。实现这一目标需要加强在BBNJ养护和可持续利用方面广泛的国际合作与协调,特别是需要对发展中国家尤其是地理不利国、最不发达国家、内陆发展中国家和小岛屿国家以及非

---

[1] 筹委会的建议. 2017年7月31日,联合国文件A/AC.287/2017/PC.4/2.

洲沿海国家的援助，以便它们可以积极有效地参与 BBNJ 的养护和可持续利用。会议认识到要实现这一目标需要建立全新、综合的全球制度来更好地解决保护和可持续利用 BBNJ 问题，而制定履行《海洋法公约》有关规定的国际协定将为实现这些目的和为维护国际和平与安全作出贡献，以确保实现 BBNJ 养护和可持续利用的总体目标。

建议性文件重申了《海洋法公约》在养护和可持续利用海洋生物资源问题上的核心作用，以及实现 BBNJ 目标必须尊重其他现有的相关国际法律规定和框架以及相关的全球、区域和部门性组织的作用的基本原则。

（二）明确了该法律制度的适用范围、对象和内容

BBNJ 的适用范围是在国家管辖范围以外的区域。即公海，包括水体、海床、洋底和底土。沿海国在其国家管辖范围以内所有区域，包括 200 海里内外大陆架和专属经济区的权利与管辖权都应得到尊重。

建议性文件明确了 BBNJ 的适用对象为国家管辖范围以外区域海洋生物的多样性养护和可持续利用，特别是海洋遗传资源制度的主要内容包括惠益分享的问题，以及海洋保护区等划区管理工具、环境影响评价、能力建设和海洋技术转让等内容。

（三）明确了 BBNJ 文件的一般原则和方法

建议性文件除明确了尊重沿海国家的主权和领土完整、为和平目的利用国家管辖以外区域的海洋生物多样性等一般性国际准则外，还特别规定国际合作与协调、有关利益相关者的参与、生态系统方法、预防性方法、加强应对气候变化影响的能力、污染者付费原则、公众参与、对小岛屿发展中国家和最不发达国家的特殊安排、诚信原则等。

在《海洋法公约》第 206 条的基础上，明确了应对相关活动的潜在影响进行环评的义务，规定了开展环评的阈值、准则和程序性步骤，例如，筛选、确定评价范围、公众告知和咨询、公布决策文件以及审查和监测等。同时也明确了环评报告的具体内容要求。

（四）明确了划区管理工具（包括海洋保护区）以及区域的选划原则

强调划区应基于最佳科学信息、标准和准则，同时考虑环境过程以及社会经济等因素。此外，还明确了设立划区管理工具（包括海洋保护区）应包括的基本要素。规定在作出划区决定前应对设立保护区进行广泛咨询与科学评估。

（五）遗留问题

筹委会提交的 BBNJ 问题最终建议性文件把会议中争论不休、难以调和的矛盾问题放入 "B" 节，❶ 称为 "在制定具有法律约束力的国际文书草案的进程中需要特别注意的要素"，遗留的问题主要包括：

（1）关于人类共同继承遗产和公海自由问题，即 BBNJ 的法律性质和适用原则问题。这是 BBNJ 面临的最大、最基本、最核心也是争论的焦点问题。这一问题得不到解决，其他问题无从谈起，而这么重要的问题恰恰被遗留下来。

（2）有四个争议较大的核心问题：海洋遗传资源的获取和可持续利用，包括海洋保护区在内的划区管理工具等措施、环境影响评价问题、能力建设和海洋技术转让问题。

（3）BBNJ 的执行机构应如何安排，以及新建机构与其他相关的全球、区域和行业机构之间的关系；如何解决监控、审查与履约问题；在资金方面，需要进一步明确财政资源的范围，以及是否应建立一个财务机制；争端解决、责任和义务问题等，都还有待进一步讨论。

筹委会通过的"建议性文件"是以欧盟为代表的"务实推动派"、发展中国家为代表的"惠益分享派"、美俄日为代表的"资源利用派"之间斗争妥协的结果。文件中 A 节的内容并非已达成的共识，A 节包含多数代表团意见一致的非排他性要点；B 节重点突出存在意见分歧的一些主要问题。A 节和

---

❶ A 节的内容并非已形成的共识，A 节包含多数代表团意见一致的非排他性要点；B 节重点突出存在意见分歧的一些主要问题。A 节和 B 节仅供参考之用，因为他们并不反映讨论过的所有选项。这两节均不妨碍各国在谈判中的立场。

B 节仅供参考之用,因为它们并不反映讨论过的所有选项。这两节也均不妨碍各国在谈判中的立场,❶ 这意味着随后的政府间谈判大会也将难以完全把"建议性文件"作为谈判坚实的基础。❷

四、BBNJ 谈判中的主要法律问题

在筹委会建议的第三部分,涉及 BBNJ 谈判中的四大核心议题:海洋遗传资源的养护和可持续利用、海洋保护区在内的划区管理工具;环境影响评估;能力建设及海洋技术转让。❸

(一) 海洋遗传资源

海洋遗传资源的获取和惠益分享是谈判的焦点和难点问题,解决的关键是如何确保对海洋遗传资源研发产生的利益惠及管辖范围以外区域生物多样性保护和可持续利用工作。

根据《生物多样性公约》❹ 第 2 条的规定,遗传资源是指来自植物、动物、微生物或其他来源的且具有实际或潜在价值的任何含有遗传功能单位的材料。与陆地生物相比,海洋生物体特别是深海及海底生物体中蕴含着更为丰富的遗传资源,这些遗传资源能够适应黑暗、高压、寒冷等极端环境,应用于医疗、制药等领域的价值十分突出。包括"公海"和"国际海底区域"在内的国家管辖外海域占到全球海洋面积的 64%,拥有巨大的开发潜力。但是,由于人类海洋知识和科学技术的限制,国家管辖外海域遗传资源的勘探利用在近年来才成为现实。

首次以国际公约的形式规定了遗传资源问题的是 1992 年《生物多样性公约》,2010 年通过了《名古屋获取和惠益分享议定书》(以下简称《名古屋议定书》)❺。2001 年《粮食和农业植物遗传资源国际条约》(以下简称《粮农

---

❶ 筹委会的建议. 2017 年 7 月 31 日,联合国文件 A/AC.287/2017/PC.4/2.
❷ 胡学东. 围绕海洋生物多样性的国际较量——国家管辖范围外区域海洋生物多样性最终建议性文件点评 [N]. 中国海洋报(社会科学版),2017-11-19 (2).
❸ 筹委会的建议. 2017 年 7 月 31 日,联合国文件 A/AC.287/2017/PC.4/2.
❹ Convention on Biological Diversity,1992 年 5 月 22 日通过,1993 年 12 月 29 日生效。
❺ Nagoya Protocol on Access and Benefit-sharing,2010 年 10 月 29 日通过,2014 年 10 月 14 日生效。

遗传资源条约》）[1]的宗旨与《生物多样性公约》一致，为可持续农业和粮食安全而保存并可持续地利用粮食和农业植物遗传资源以及公平合理地分享利用这些资源而产生的利益。不过，《名古屋议定书》和《粮农遗传资源公约》的适用范围仅限于国家管辖内的区域，而《生物多样性公约》则因为"法不溯及既往"原则而没有追溯力，因此都不能直接适用于 BBNJ 的海洋遗传资源。作为"海洋宪章"的 1982 年《海洋法公约》也并没有提及海洋遗传资源。

本议题 BBNJ 在谈判中矛盾最为突出，77 国集团和中国坚持 BBNJ 海洋遗传资源应适用"人类共同继承遗产"原则，各国都应该在获取、研究和开发的不同阶段分享惠益，要求无偿获取包括衍生物在内的样本、数据和遗传序列信息，主张建立国际信托基金，并将惠益分享与能力建设和海洋技术转让挂钩。小岛屿发展中国家和拉美国家强调应对获取海洋遗传资源的活动建立全面监管和可追踪的管理制度。美国、日本、俄罗斯为代表的海洋利用派则表示《海洋法公约》明确规定国际海底区域制度仅适用于矿产资源，因而主张国家管辖外海域遗传资源的开发利用应遵循公海自由原则；反对惠益分享，坚持信托基金应该是自愿性质，并强调新协定不能阻碍海洋科学研究和技术创新。欧盟为代表的海洋环保派则认为深海遗传资源不属于国际海底管理局的职能范围，公海渔业制度也不适用于深海遗传资源，强调需要研究与澄清深海遗传资源的法律地位问题，建议谈判可以不必纠结于原则之争，应重点讨论具体制度安排，作为环保派，其更多关注海洋保护区的设立，主张采用风险预防原则和生态系统方式确保有效的海洋环境管理。

可以看出，国际社会有关 BBNJ 海洋遗传资源的法律性质争议最大，焦点在于是否可以将该资源归为"人类共同继承财产"。虽然国际上至今没有任何一部公约或习惯国际法明确表明人类共同继承财产原则可以直接适用于 BBNJ 海洋遗传资源上，但不论从该资源的特性还是从《海洋法公约》的目的和宗旨来分析，都无法忽视国际海底区域"人类共同继承财产"原则对 BBNJ 海

---

[1] The International Treaty on Plant Genetic Resources for Food and Agriculture, 2001 年 11 月 3 日通过，2004 年 6 月 29 日生效。

洋遗传资源的影响,将 BBNJ 海洋遗传资源划定为人类共同继承财产具有明显的合理性。但是,反对的声音也很大,各方都坚持自己的利益诉求,很难说服彼此,争论会持续下去。各国对其他问题的谈判仍保持热情,其中之一就是 BBNJ 海洋遗传资源的惠益分享问题,因为不论对前一问题持何种立场,对 BBNJ 海洋遗传资源进行科学研究以及对商业开发后产生的惠益进行分享才是各国真正的关切焦点。发展中国家和发达国家之所以在界定 BBNJ 海洋遗传资源法律性质问题上产生冲突,根本原因在于对开发利用后产生的惠益分配问题没有达成一致。因而跳出法律性质争论的泥潭,直接探讨如何实现公平合理的惠益分享,不失为一个更切实有效的解决之道。

在《生物多样性公约》中,致力于平衡的两方利益主要是生物技术先进而生物多样性匮乏的发达国家和生物多样性丰富但生物技术落后的发展中国家。而国家管辖外海域的遗传资源问题则与之前讨论的问题有所不同。这里所涉及的"深海"或"海底"是不在任何国家管辖范围内的,该海域内遗传资源的惠益分享也没有"提供国"一方。对于国家管辖外海域遗传资源而言,惠益分享应该保障暂无能力参与研发活动的国家和地区也能享受到基于利用该资源产生的惠益,而不至于导致该权利仅为少数国家所有。因而现有的惠益分享制度并不能当然地直接适用到国家管辖外海域,而是要从实际需求和利益平衡的角度出发,考察惠益分享制度适用于此的必要性和合理性。

《生物多样性公约》第1条规定将"公平合理分享由利用遗传资源而产生的惠益"作为公约目标之一。该公约明确规定各国对其生物资源拥有主权权利,同时也指出生物多样性保护是"人类共同关切事项",需要广泛的国际合作。在遗传资源的获取和惠益分享上,《生物多样性公约》主要规定了三个方面的内容:一是保障遗传资源提供国,特别是发展中国家,参与遗传资源科研和开发的权利(《生物多样性公约》第15条第6款,第19条第1款);二是规定遗传资源提供国还可以通过"共同商定的条件"(Mutual Agreed Terms, MAT)与开发者进行谈判,确定其他可分享的惠益内容,比如,商业收益、研究成果或技术转让等(《生物多样性公约》第15条第4款、第7款,第16条第3款,第19条第2款);三是当缔约国之间取得和转让的技术属于专利和其他知识产权范围时，应承认且符合知识产权充分有效的保护，但同时考虑到专利和其他知识产权可能影响公约的实施，需要确保知识产权制度有助于而不违反本公约的目标（《生物多样性公约》第16条第2款、第5款）。

《名古屋议定书》突破了《生物多样性公约》的范围，在惠益分享方面，《名古屋议定书》主要明确使用者惠益分享的义务，要求遗传资源使用者应与提供遗传资源的缔约方（此种资源的原产国或根据《生物多样性公约》已获得遗传资源的缔约方）分享利用遗传资源以及嗣后的应用和商业化所产生的惠益。

由于《生物多样性公约》原则上仅处理国家管辖范围内的遗传资源问题，成员方在履行惠益分享义务时一般都遵循事前知情同意原则，而《名古屋议定书》注意到了在跨境的情况下或无法准予或获得事先知情同意的情况下应当如何实现公平公正的惠益分享的问题，在该议定书第10条专门提出了针对这种情况的建议，即建立全球性多边惠益分享机制。但是，这一规定仅仅是建议，并没有作出明确的承诺，第10条作用更多的在于提出问题的解决思路，但是具体操作和细节规定还没有制定，属于空白。

2001年《粮农遗传资源条约》旨在促进粮农植物遗传资源的养护和可持续利用以及惠益的公平合理分享，被视为《生物多样性公约》在农业和食品安全领域的"特别法"。针对粮农植物遗传资源的特征，该条约第四部分建立了粮农植物遗传资源的获取和惠益分享的多边体系。其中第10条第2款规定，各缔约方在行使其主权时，同意建立一个高效、透明的多边体系，以方便获取粮农植物遗传资源，并在互补和相互加强的基础上公平合理地分享因利用这些资源而产生的惠益。第2款进一步明确提出惠益分享的四种方式，即信息交流、技术获取和转让、能力建设以及分享商业化产生的惠益。其中，信息交流应当在多边基础上，通过条约第17条规定的"全球粮食和农业植物遗传资源信息系统"进行。技术获取和转让强调对发展中国家和最不发达国家的倾斜。按照公平和最有利的条件向这些国家提供包括受知识产权保护的技术，但这些获取和转让必须按照承认并符合充分有效保护知识产权的条件进行。能力建设方面，应至少从三个领域协助发展中国家和经济转型国家，即科技教育与培训计划、相关设施建设和科学合作。分享商业化产生的惠益则要求在特定情况下向多边机制支付商业化惠益分享的合理份额。根据第13条第3款，惠益分享的受益者是利用粮农植物遗传资源的各国农民，尤其是发展中国家和经济转型国家的农民。为了方便《粮农遗传资源条约》多边系统中材料的获取和第12条第4款规定的实施，2006年通过了《标准材料转让协定》，该协定使各国在标准化合同的模式下达成一致意见，无须提供方和接收方之间就该种材料进行特别谈判。

《粮农遗传资源条约》建立起的遗传资源多边惠益分享机制是目前相关制度中唯一一个正在使用的多边惠益分享机制，仅仅适用于粮食和农业领域中64种植物遗传资源。其规定的货币性惠益分享义务仅仅适用于"商业化产品"这一个领域；条约也不允许遗传资源获取者主张包括知识产权在内的、所有可能对多边系统中遗传资源获取造成限制的权利。在生物科学的很多领域，潜在的惠益分享和专利权之间有着明显的联系，至今还没有哪个公司或遗传资源的获取者达到了《标准材料转让协定》的要求，《粮农遗传资源条约》下的惠益分享基金也没有收到任何付款。[1]

具体到BBNJ海洋遗传资源问题谈判，需要处理该海域内所有遗传资源种类，可能涉及数以百万计的物种。基于这些遗传资源形成的商业产品、生产程序和专利申请也可能是不同成分、多重领域的混杂。惠益分享制度虽然已经在前述生物多样性领域有了明确的规范，但这些规范并不能直接适用于国家管辖外海域的遗传资源问题。如果在BBNJ谈判中完全照搬这些规范的话，达成一致的可能性也较小。在构建针对国家管辖外海域遗传资源的惠益分享机制时，注重知识产权的呼声比较高，应适当地引入或创设知识产权规则，以促进BBNJ海洋遗传资源惠益分享的实施。具体来说，可以在保证知识产权申请人合法权利的基础上，通过提高披露要求和建立专利费信托基金的方式，方便公众对该资源的获取和惠益分享。国际社会还出现了一些其他建议，比如，建立共享数据库，使专利申请者履行披露义务后的信息更便于查询和参

---

[1] 张湘兰，李洁. 国家管辖外海域遗传资源惠益分享机制的构建——以知识产权为保护为视角[J]. 武大国际法评论，2017（4）：67.

考，共享数据库可以将所有源于国家管辖外深海遗传资源的发明创造和学术出版物收集汇编在统一的数据库中。数据库作为一个核心档案库，记录所有关于国家管辖外深海遗传资源的先进成果，方便人们对相关信息的查找和获取。同时，数据库本身也严格保护发明人的知识产权。共享数据库的建立将有效提高信息的可搜索性，全面的记录使得先有专利的获知成为可能，以此可判定正在进行申请的专利是否具有新颖性的特征。同时，人们还可以更好地了解政策动向，使此领域的专利申请和授予更加规范化、科学化。此外，为了使国际社会能够更便利地分享源自利用国家管辖外海域遗传资源的惠益，也可考虑对基于国家管辖外海域遗传资源的发明适当缩短专利保护期限，以确保公众尽快地免费获取相关技术和方法。❶

（二）划区管理工具

海洋划区管理工具作为养护海洋生物多样性的重要手段，是根据国际公约或文件的授权，基于生态系统方法，协调国际海事组织和区域渔业组织等部门基于区域的管理措施，整合在生态上协调一致的海洋保护区。❷ 一些涉海国际组织和机构，已经在其职能范围内提出和尝试建立了一些不同类型的海洋划区，从其行业角度推动全球海洋生态环境的保护。这些实践对管理公海保护区和BBNJ的养护与可持续利用具有积极作用。

现行各种划区管理工具有若干名称，其中包括"海洋保护区""特别保护区"、渔业中的"禁渔区和禁渔期"、航运中的"特殊区域"和"特别敏感海域""禁捕区""保留区""世界遗产保护区""特别环境利益区"等。作为一个专有名词，划区管理工具可以对需要被管理之客体以多种形式存在，如对特定物种、相关栖息地、具有栖息地特征的地域进行保护和管理，从而限

---

❶ 张湘兰，李洁. 国家管辖外海域遗传资源惠益分享机制的构建——以知识产权为保护为视角 [J]. 武大国际法评论，2017（4）：73.

❷ 郑苗壮，刘岩，裘婉飞. 国家管辖范围以外区域海洋生物多样性焦点问题研究 [J]. 中国海洋大学学报（哲学社会科学版），2017（1）：65.

制人类活动对相关客体的不良影响。❶

1. 特别敏感海域（Particularly Sensitive Sea Area，PSSA）

国际海事组织（International Maritime Organization，IMO）的海上环境保护委员会（MEPC）为了回应1978年召开的油轮安全和防污染会议的决议，开始研究特别敏感海域的问题。1991年，国际海事组织通过了关于指定特殊区域和确定特别敏感海域指南的第A.720（17）号大会决议。第43届环保会对这些建议进行了充分的审议，起草了关于确定特别敏感海域的程序，并起草了一份大会决议草案将其补充到第A.720（17）号大会决议中。第21届大会通过了该项决议，即第A.885（21）号大会决议。第46届环保会在秘书处准备的文件基础上最后确定了一个关于"特殊区域和特别敏感海域的确定和保护"的大会决议草案，经国际海事组织第22届大会批准后，由A.927（22）决议取代第A.720（17）号和A.885（21）号大会决议。2005年，国际海事组织A.982（24）决议通过了《特别敏感海域的认定和指定修正指南》（以下简称《敏感海域指南》）。❷

特别敏感海域是国际海事组织建立的，试图保护脆弱的海洋生态系统，指需要通过IMO的行动进行特别保护的海洋区域，这些区域在生态、社会经济或科学等方面具有重要特性，且在受到国际航运活动的影响时十分脆弱。在确认特别敏感海域时，相关的满足法律条款要求的保护措施必须得到国际海事组织的批准或采纳，从而防止、减少或消除对环境的威胁及保护环境的脆弱性。❸

根据《敏感海域指南》，特别敏感海域必须同时具备以下三个要素：（1）在生态学（生态的单一性、依赖性、多样性、繁殖性、自然性、完整性

---

❶ Roberts J., Chircop A., & Prior S. Area-based Management on the High Seas: Possible Application of the IMO's Particularly Sensitive Sea Area Concept [J]. The International Journal of Marine and Coastal Law, 25 (4), (2010): 483-522.

❷ MEPC Resolution A.982 (24), Revised Guidelines for the Identification and Designation of Particularly Sensitive Sea Areas, Adopted on 1 December 2005.

❸ MEPC Resolution A.982 (24), Revised Guidelines for the Identification and Designation of Particularly Sensitive Sea Areas, Adopted on 1 December 2005, Para. 1.2.

和易受影响性)、社会文化经济(社会文化经济性、自然性、完整性和易受影响性)或科学教育(教育、人文、历史价值及研究性)方面具有特殊属性。(2)容易遭受海运活动带来的损害,比如,受船舶种类、交通流特征、船载有害货物及水文气象等因素影响而容易发生事故,造成海洋环境污染等。(3)必须至少有一项具有公认法律基础的保护措施可被国际海事组织批准和实施。在申报过程中,沿海国有责任证明该水域符合特别敏感海域的采纳条件,有必要实施提议的保护性措施。

特别敏感海域建立的法律基础主要包括国际海事组织的指导性文件《敏感海域指南》和相关决议案,这是通过国际社会的一致接受而不是国际条约来实施的。同时国际海事组织成员方在此问题上分成两种观点:一些国家认为应通过新的公约(包括现有公约的议定书)去规范特别敏感海域,理由是《敏感海域指南》和国际海事组织决议没有约束力,将特别敏感海域的实施纳入国际公约比任何指导性文件更有效;另外一些国家则主张进一步完善《敏感海域指南》而不是通过国际条约,它们认为即使《敏感海域指南》没有强制力,但仍有实际意义,即有助于在广泛接受和自愿的基础上进行国际合作,这比仅仅只有少数几个国家通过公约具有更积极的效果。另外,赋予特别敏感海域的地位对于保护这片海域有非常重要的意义,这是当前特别敏感海域发展迅速的重要原因。❶

2. 脆弱海洋生态系统海域

脆弱海洋生态系统(Vulnerable Marine Ecosystem,以下简称 VME)的概念最早出现在联合国大会的讨论中,2006 年 12 月联合国大会通过的有关可持续渔业的第 61/105 号决议❷极大地推动了其发展。该决议适用于国家管辖范围以外的区域,目的是避免深海底层渔业活动损害脆弱海洋生态系统。

---

❶ 截至 2019 年 1 月,国际海事组织共建立了 16 个特别敏感海域。参见 [EB/OL]. http://pssa.imo.org/#/pssas [2019-3-21].

❷ 2006 年 12 月 8 日联合国文件,A/RES/61/105,"通过 1995 年《执行 1982 年 12 月 10 日〈联合国海洋法公约〉有关养护和管理跨界鱼类种群和高度洄游鱼类种群的规定的协定》和相关文书等途径实现可持续渔业"。

脆弱海洋生态系统是易受干扰、恢复很慢或可能永远得不到恢复的生态系统。❶ 其特征表现为物质性或功能性脆弱，脆弱性涉及某一种群、群落或栖息地受到短期或长期干扰后，将发生重大改变的可能性、恢复的可能性，以及需多长时间才可能恢复，这些可能性又关系到生态系统本身的特征，尤其是在生物及其结构方面。对种群、群落和栖息地的脆弱性的评估，必须针对各种具体的威胁进行；某些特征，特别是物质脆弱性或天然稀少性，可能对于大多数类型的干扰来说都是脆弱的。但不同种群、群落和栖息地的脆弱性可能有很大的差异，这取决于所使用的渔具或受到的干扰类型。海洋生态系统的风险取决于其脆弱性、受威胁的可能性和减轻该威胁的手段。

根据1982年《海洋法公约》及1995年《跨界鱼类种群保护协定》，联合国粮农组织多次召开关于脆弱生态系统和公海深海渔业的研讨会，于2009年通过了《公海深海渔业管理国际准则》（以下简称《洋海渔业准则》）。该准则明确了"脆弱海洋生态系统"的定义，分析了深海渔业开发物种的特征，提出了管理目标和要求。

根据《洋海渔业准则》的规定，确定和评估脆弱海洋生态系统主要有以下要素：独特性或稀有性、栖息地的功能意义、脆弱性、组成特种的生活史特征恢复困难、结构复杂等。❷《洋海渔业准则》附件列举了潜在脆弱物种群、群落和栖息地，包括：（1）某些类型的冷水珊瑚和水螅虫，如造礁体和珊瑚林，包括石珊瑚、软珊瑚、柳珊瑚、黑珊瑚和水螅珊瑚；（2）某些以海绵体为主的群落种类；（3）由露出水面的浓密植物群组成的群落，大型固着原生动物（异生目原生物）和无脊椎动物（水螅虫和苔藓虫）构成了生境的重要结构成分；（4）其他地区没有的（即地区性）无脊椎动物和微生物物种构成的冷泉和热泉群落。

---

❶ FAO, International Guidelines for the Management of Deep‐sea Fisheries in the High Seas, Rome. 2009.

❷ FAO, International Guidelines for the Management of Deep‐sea Fisheries in the High Seas, Rome 2009. Para. 42.

之后，南极海洋生物资源保护委员会❶、地中海渔业委员会❷、西北大西洋渔业组织❸、东北大西洋渔业委员会❹、北太平洋渔业委员会❺、西南大西洋渔业组织❻、南太平洋区域渔业管理组织❼分别通过了关于划定及保护脆弱海洋生态系统的决议和文件。❽

根据《洋海渔业准则》并结合各区域管理组织的实践，公海深海脆弱海洋生态系统管理的最新进展包括：（1）设置专门观察员，收集相关渔业数据；（2）全方位取样，制定脆弱深海物种鉴别指南；（3）开发全球脆弱海洋生态系统数据库；（4）控制捕捞率，开发捕捞方法；（5）进行风险预防方法和生态系统措施为基础的管理；（6）针对底拖网渔业采取有效措施。

沿海国和区域渔业组织酌情合作，根据脆弱海洋生态系统的标准评估全球海洋资源，在没有区域渔业组织的海域加快建立管理组织，并要求沿海国制定并实施相应的国家政策和法律，以加强深海渔业管理，包括保护脆弱海洋生态系统。同时，注意到发展中国家的特殊要求，尤其是应满足发展中国家在财政、技术转让和科学合作等方面的需要。

3. 生态学和生物学重要意义的海洋区域

为了保护公海水域和深海生境，2008 年《生物多样性公约》第 9 次缔约方会议通过了"用于确定公海水域和深海生境中需要保护和具有生态和生物学重要意义海洋区域的科学标准"，❾用于查明需要保护的具有重要生态和生物学意义的海洋区域（Ecologically of Biologically Significant Marine Areas,

---

❶ Commission for the Conservation of Antarctic Marine Living Resources (CCAMLR).
❷ General Fisheries Commission for the Mediterranean (GFCM).
❸ Northwest Atlantic Fisheries Organization (NAFO).
❹ North East Atlantic Fisheries Commission (NEAFC).
❺ North Pacific Fisheries Commission (NPFC).
❻ South East Atlantic Fisheries Organization (SEAFO).
❼ South Pacific Regional Fisheries Management Organization (SPRFMO).
❽ 具体参见联合国粮农组织网 [EB/OL]. http://www.fao.org/in-action/vulnerable-marine-ecosystems/definitions/en/ [2019-3-16].
❾ Azores Scientific Criteria and Guidance for Identifying Ecologically or Biologically Significant Marine Areas and Designing Representative Networks of Marine Protected Areas in Open Ocean Waters and Deep Sea Habitats [EB/OL]. https://www.cbd.int/doc/meetings/mar/ebsaws-2014-01/other/ebsaws-2014-01-azores-brochure-en.pdf [2019-3-16].

EBSAs）。这些标准包括：独特性或稀缺性；对特种生长阶段的特别重要性；对受威胁或濒危或数目减少特种和（或）生境的重要性；易受伤害性、脆弱性、敏感性或恢复缓慢；生物生产力；生物多样性；自然性。

2010年第10次缔约方大会要求执行秘书组织一系列区域研讨会，描述符合EBSAs的科学标准的区域。秘书处编写了关于EBSAs的培训手册，组织覆盖太平洋、大西洋、印度洋和北冰洋区域的研讨会。考虑到《生物多样性公约》在海洋生物多样性养护和可持续利用方面的权威性，以及其缔约方的广泛性，EBSAs可能会是公海保护区选划的重要备选方案。

划区管理工具同样是欧盟为代表的"环保派"与美日俄为代表的"利用派"争论的焦点，其中，分歧主要体现在管理机制方面。谈判过程中形成了全球模式、区域模式及混合模式三种管理机制，三种模式的关键区别在于谁掌握划区管理的决策权。全球模式主张建立一个全球机构进行统一管理和决策。其优势在于统一规划管理，有利于全球海洋综合治理，但如何处理与现有区域组织的关系则难以解决。区域模式强调区域主体的决策权，不需要全球层面的监管，要发挥区域组织的作用并利用其已有经验。但这种模式基本是在维持现状，国际社会参与度低、碎片化的缺陷已呈现，也不适应全球一体化的发展趋势。混合模式主张通过加强区域合作机制，同时提供全球指导和监管。这一框架有利于统一标准和指南的制定与推行，也利于发挥区域组织作用。但作为一种折中的做法，混合模式的效力难以保证，全球框架与区域组织之间的关系也很难理顺。

此问题还面临全球的区域和分区域渔业规则问题。随着全球一体化进程的不断加快，施行全球统一治理的呼声越来越高，当前全球的区域和分区域渔业组织和机制基本覆盖了所有公海海域。这些组织和机制建立的基本原则、采取的管理措施大致相同，具有一定的统一基础。BBNJ谈判如果能充分协调现有渔业组织机制，建立统一的全球管理机制框架，将更好地解决国家管辖范围以外的海洋生物多样性保护问题。

在2018年9月召开的BBNJ第一届政府间会议上，与会者普遍认为，划区管理工具包括海洋保护区是借以实现具有法律约束力的国际文书的目标

(即保护和可持续利用国家管辖范围以外区域海洋生物多样性）的措施。与会者一致认为，应在文书中列出某些适用于各种划区管理工具，包括海洋保护区的总体目标，如由区域和部门机构促进在使用划区管理工具，包括海洋保护区方面的合作和协调，以及履行现有的义务，尤其是《联合国海洋法公约》规定的义务。与会者还提及了爱知生物多样性目标和可持续发展目标14。❶也提议了建立互联互通的海洋保护区网络，以确保长期养护和可持续利用的目标。与会者还提出，文书的目标不应是为确定国家管辖范围以外区域的划区管理工具而设立一个机制，文书可以提供一份清单列出这些具体目标，或者也可以在以后阶段拟定。❷

（三）环境影响评价

环境影响评价（environment impact assessment，EIA）的对象是可能对环境产生不利影响的人类拟议活动，其目的是为了保护环境，控制并最大限度地预防人类活动的不利影响，作为一种预防性措施，该制度是由美国1969年《国家环境政策法》首创的，之后很快引起其他国家的重视，并加以借鉴。环境影响评价作为有效的事先预防手段，同样被引入国际法规体系中。众多国际组织的宣言、决议和国际环境条约中都包含环境影响评价制度，其已成为国际环境保护的主要法律机制之一。然而大多数的相关条款仅为框架式的规定，并且对进行环境影响评价的要求不一，使得环境影响评价从门槛到内容等方面并未得以明确和统一。另一方面，国际法领域的环境影响评价是预防原则以及尊重国家主权与不损害国外环境原则的体现。跨界和国际背景下的环境影响评价与国内环境影响评价在很多方面存在不同，包括对主权的敏感性，对双边、区域性和全球合作需求的增长，跨界公众参与，国家间协商，不同的环境影响评价国内法的融合以及环境影响评价结果的跨境实施。因此，环境影响评价的国际实践情况也更为复杂。

---

❶ 《爱知生物多样性目标》目标14，到2020年，提供重要服务（包括与水相关的服务），使有助于健康、生计和福祉的生态系统得到恢复和保障，同时顾及妇女、土著和地方社区以及贫穷和弱势群体的需要。

❷ A/CONF. 232/2018/7，联合国会议文件，第9页。

在 BBNJ 的谈判中,以联合国大会 69/292 号文件为出发点,主要讨论了开展环评的地理范围、启动环评的门槛、标准、原则及需要开展环评的活动类型等具体要素。多数国家认为《海洋法公约》第 206 条是启动海洋环境影响评价的门槛,不包括发生在国家管辖内但影响管辖外海域的活动,也不能损害现有国际组织已经做出的环评规定。

《联合国海洋法公约》第十二部分为"海洋环境的保护和保全",其中第四节为"监测和环境评价"。该公约第 206 条专门规定环境影响评价:各国如有合理根据认为在其管辖或控制下的计划中的活动可能对海洋环境造成重大污染或重大和有害的变化,应在实际可行范围内就这种活动对海洋环境的可能影响作出评价,并应依照第 205 条规定的方式提送这些评价结果的报告。第 205 条为"报告的发表",规定:各国应发表依据第 204 条所取得的结果的报告,或每隔相当期间向主管国际组织提出这种报告,各该组织应将上述报告提供所有国家。第 204 条为"对污染危险或影响的监测",规定:(1)各国应在符合其他国家权利的情形下,在实际可行范围内,尽力直接或通过各主管国际组织,用公认的科学方法观察、测算、估计和分析海洋环境污染的危险或影响。(2)各国特别应不断监视其所准许或从事的任何活动的影响,以便确定这些活动是否可能污染海洋环境。

根据《海洋法公约》第 206 条的规定,海洋环境影响评价的启动门槛为"各国有合理根据认为在其管辖或控制下的计划中的活动可能对海洋环境造成重大污染或重大和有害的变化"。这首先表明当事国对于是否进行环境影响评价拥有一定的裁量权,其裁量的依据在于"有合理根据";环境影响评价的对象为"当事国管辖或控制下的计划中的活动",条件为"可能对海洋环境造成重大污染或重大和有害的变化";环境影响评价的内容,即"应在实际可行范围内就这种活动对海洋环境的可能影响作出评价"。但是"合理"的范围和标准尚不明确,"重大污染"和"重大和有害的变化"也缺乏客观标准,而且《海洋法公约》并未明确规定进行环境影响评价的措施和方式要求,仅仅以"实际可行"进行模糊处理。

根据此条规定,当事国拥有一定的裁量权,但提供评价结果报告的义务是绝对的。这意味着，通过科学评估，当事国如有合理根据认为在其管辖或控制下的计划中的活动不会对海洋环境造成"重大污染或重大和有害的变化"，那么该国可以决定不进行环境影响评价，也无须根据《海洋法公约》第205条之规定发表或提送评价结果的报告。反之，若是当事国决定进行环境影响评价，那么就有义务发表或提送评价结果的报告。其中《海洋法公约》第205条规定了两种方式，"发表"或者"向主管国际组织提出这种报告"，并且使用的词语为"应（shall）"，强调了各国提送报告的义务。报告的内容为"依据第204条所取得的结果"。第204条规定了两个方面的活动，一个是"尽力"观察、测算、估计和分析海洋环境污染的危险或影响，另一个是针对所准许或已经从事的活动。

在上述三条规定中，第206条中关于"合理""重大""实际可行"等用语使得海洋环境影响评价义务缺乏统一的要求和标准。这导致在解释和适用该条款时可能会产生一系列问题：应如何平衡"有合理根据"的自由裁量权与预防"环境损害风险"的客观需要？是否应该对国家的自由裁量权设置一定的标准或监督机制？应如何认定一国在何种情况下具有进行环境影响评价的义务？以及如何检验一国的环境影响评价义务是否进行得足够充分？其次，这三条规定的内容不同，但是内容相连层层递进，相关的国家和国际组织义务规定不明确且部分重合，这给国际规则的具体适用带来障碍，如对处于多国管辖或控制下的计划中的活动，谁具有环境影响评价的义务？这里所指的主管国际组织是何机构？将报告提供给所有国家的义务是否是强制性的？再次，环境影响评价是在存在环境风险可能性的前提下进行的，但是依照该条款的字面意思，似乎要求缔约国将证明存在环境损害的风险而非"可能性"作为环境影响评价的先决条件，这无异于使环境影响评价义务形同虚设。[1]

1992年《生物多样性公约》第14条"影响评估和尽量减少不利影响"中规定：缔约国应尽可能并酌情采取适当程序，要求就其可能对生物多样性产生严重不利影响的拟议上进行环境影响评估，并在互惠的基础上开展国际

---

[1] 蒋小翼.《联合国海洋法公约》中环境影响评价义务的解释与适用[J]. 北方法学，2018（4）：118.

合作。2012年第11届缔约方大会核准了《海洋和沿海地区环境影响评估和战略环境评估的自愿性准则》，但只是提供了参考，不具有法律拘束力，无法确保各方按照统一的标准制定和执行环境影响评估。

1991年《关于环境保护的南极条约议定书》第8条和附件一对"环境影响评估"做了比较详细具体的规定，拟议中的活动对环境的影响应在活动开始之前按照有关的国内程序加以考虑，规定了初步环境评价和综合环境评价，后续的监测、紧急行动等也有规定。

1994年《关于执行1982年〈海洋法公约〉第十一部分的协定》明确了对国际海底区域内的活动进行环境影响评价的义务。《协定》附件一第1节第7条规定，请求核准工作计划的申请，应按照海管局所制定的规则、规章和程序，附上所提议的活动可能造成的环境影响评估，以及关于海洋学和环境基线研究方案的说明。

在BBNJ的谈判中，环境影响评价活动的决策主体是争论的热点问题。新西兰、欧盟、挪威等国认为，环评应由活动的运营方开展。欧盟主张环境影响评价是各国保护海洋环境的一般义务；强调各国在制定海洋政策、规划方案和开发项目之前，就可能产生的不利影响要根据共同商定的标准开展环境影响评价和战略环境影响评价。一些发展中国家和国际组织主张成立一个全球性国际环境评估机构，但俄罗斯代表提出明确反对意见，认为这种全球性机构会效率低下，甚至会造成项目的冻结。

欧盟及其成员方为代表的海洋环保派有着充足的资金和技术，BBNJ环评的设置对自身经济利益影响较小。这些国家倾向于建立类型和范围全面、富有实效的BBNJ环评制度，缔约国应将"有害影响"考量纳入所有后续决策中。欧盟提出通过环境影响评价和战略环境影响评价的指南，包括阈值、范围、类型、报告、执行和遵约等内容，并应建立独立的国际机构来推动环评的监测和审查。以美国为代表的海洋利用派勘探开发技术强大、资金雄厚，强调对BBNJ环评制度的主权主导和控制。这些国家认为，主权国家应当掌握环评的决定权、执行权、拟议活动能否继续展开的决策权等主权权能，以减少对国家管辖范围外海域资源开发活动的限制。以77国集团/小岛屿国家联盟（AOSIS）为代表的发展中国家对环评持谨慎态度，这些国家勘探开发和环评技术欠缺，更强调通过此次 BBNJ 协定来加强本国的能力建设和海洋技术转让。这些国家认为应通过清晰的定义和规则来明确主权国家的权利义务，并明确提出采用"通用标准+典型活动正负面清单（能够被审查和更新）"的阈值设计模式。无论是现有可供参考的国家管辖范围外海域环评制度，还是正在进行的 BBNJ 协定环评议题谈判进程，主权国家均发挥了主导性作用，主权国家是 BBNJ 环评制度等全球海洋治理最核心的治理主体。这也再次印证了目前国际社会的客观现实：拥有主权的国家仍是当今国际社会和国际关系中最基本的行为体。❶

（四）能力建设及海洋技术转让

与其他问题相比，BBNJ 谈判中能力建设和海洋技术转让还没有引起足够的重视，相关讨论也十分有限。❷ 与此议题相关的《海洋法公约》的规定主要是第 244 条"情报和知识的公布和传播"及第十四部分"海洋技术和发展与转让"，新协议应该在此基础上，考虑 BBNJ 的现状特征，完善相关的规定。

发展中国家普遍要求 BBNJ 文件对能力建设和技术转让作出强制性规定，在惠益分享中，主张由受让国主导，并建立可持续和可预期的资金保障。发达国家则强调能力建设和技术转让应聚焦养护和可持续利用的 BBNJ 中心目标，应以受让国提出请求和出让国自愿为前提，对建立相关基金态度相当消极。尽管存在分歧，文件还是明确了能力建设和技术转让的目标：通过加强有相关需求和提出要求的国家，特别是发展中国家的能力，来支持 BBNJ 的养护和可持续利用，并根据《海洋法公约》第 266 条第 2 段，来帮助它们履行其权利与义务。在能力建设和技术转让的类型和方式方面则体现得更加艺术：在政府间海洋学委员会《海洋技术转让准则和指南》的基础上，确定了建议性名录，包括：（1）关于海洋科学研究的科学和技术支持，例如，通过联合

---

❶ 刘惠荣，胡小明. 主权要素在 BBNJ 环境影响评价制度形成中的作用 [J]. 太平洋学报，2017 (10)：5.

❷ 李洁，张湘兰. 国家管辖外海域生物多样性保护国际法规范的完善 [J]. 中国海商法年刊，2016（2）：30.

研究合作计划；（2）人才教育和培训，例如，通过研讨会的形式，以及数据与专业知识。（3）以国家需求为指引，响应定期评估的需求和优先领域；（4）发展和加强人才和机构能力；（5）长期并且可持续地根据《海洋法公约》第八和第九部分，发展国家海洋科研和技术能力。

中国海洋发展战略研究所所长张海文认为，在 BBNJ 国际文书的制定过程中，在能力建设问题上有两方面因素应予以考虑。一方面是应关注和帮助发展中国家能力建设，制定促进技术转让的制度和规则；另一方面，应同时充分考虑人类对深海的认识还很不足，因此，新文书所设立的制定和相关规则，应鼓励公海和国际海底区域的海洋科学研究，特别是应为深海基因资源的获取和科学研究自由提供便利，这样才能不断增进人类对深海及其基因资源的科学认识，提升开发利用的能力，进而才能进行惠益分享，造福人类。❶ 涉及的具体问题，比如，能力建设是强制的还是自愿的？是否包括货币化？技术转让的方式、条件是什么？都需要在持续的政府间谈判中进一步讨论。

五、BBNJ 谈判对现有法律制度的挑战

根据联合国大会第 69/292 号决议，BBNJ 谈判进程不应损害现有有关法律文件和框架以及相关的全球、区域和部门机构；谈判和谈判结果不可影响参加《海洋法公约》或任何其他相关协议的缔约国和非缔约国在这些文件中的法律地位。但实际上，在谈判的整体进程中又不得不面临对这些规则制度的挑战和突破。❷

1. 对公海自由原则的挑战

《海洋法公约》规定了公海活动的六项自由：航行自由、飞越自由、铺设海底电缆和管道自由、建造国际法所容许的人工岛屿和其他设施的自由、捕鱼自由和科学研究自由。发达国家坚持 BBNJ 应适用公海自由原则，强调有关

---

❶ 参见自然资源部海洋发展战略研究所网 [EB/OL]. http://www.cima.gov.cn/info/943 [2019-3-18].

❷ 此部分主要参考资料：胡学东. 围绕海洋生物多样性的国际较量——国家管辖范围外区域海洋生物多样性最终建议性文件点评 [N]. 中国海洋报，2017-11-19. 2232（A2）.

制度安排不能影响《海洋法公约》规定的上述自由，反对 BBNJ 文件对自由利用海洋遗传资源作出任何调整和改变。而 BBNJ 的目的就是要通过对海洋生物资源获取的规制、通过限制捕捞自由以实现养护海洋生物多样性的目的，本身就是对传统公海自由原则的挑战。

2. 对海洋生物资源物权性质的重新定位

《海洋法公约》对海洋生物资源的物权属性没有做出明确规定，但就"捕鱼自由"原则的法理意义来分析，谁捕获谁拥有，实际上是把海洋生物资源作为"无主物"来定位的。《海洋法公约》的这一空白以及近年来波澜壮阔的生物多样性保护运动的开展，联合国粮农组织、区域和分区域国际渔业组织纷纷建立的渔业管理规定，都预示着海洋捕捞已从"绝对自由"向"相对约束"转化。但 BBNJ 谈判是意图重新定位海洋生物资源的物权属性，或是将"无主物"定位为"共有物"，或是把海洋生物资源像海底矿产资源一样定位为"人类共同继承财产"，以便所有法律主体分享获取其所产生的惠益。发展中国家更是要求设立分阶段、多层次、货币和非货币化共存的惠益分享机制，发达国家则反对货币化分享。对海洋生物资源物权性质的重新定位，与其说是对《公约》的完善和补充，不如说是提出了新的挑战。

3. 淡化主体国家，冲击现有国际海洋秩序

以《海洋法公约》为代表的现有国际法体系，国家是其中最基本的主体。BBNJ 谈判涉及的两个核心问题，即环境影响评价和划区保护工具问题，包括"全球战略环评""全球框架""区域主导""混合模式""邻近原则"等，都可能会提升国际组织的主体地位，也有可能会影响到主权国家在构建国际法律秩序中的主导权。尽管随着国际法的发展，国际组织的主体资格将会逐步得到确认和加强，但在现有国际法体系内仍只是一种派生的主体，国际组织地位的继续提高，可能会带来对传统国际法的挑战。

4. 极端环保主义抬头

海洋环境的持续恶化、海洋生物多样性受到威胁，使得越来越多的国家、国际组织和个人更加关注海洋环境保护问题，也促成这一问题成为 BBNJ 谈判

中极为重要的问题。实际上这一问题在《海洋法公约》中已有原则规定，各方也一致同意将《海洋法公约》第206条有关海洋环境评价条款作为BBNJ文件规定环评问题的出发点和基础。但随着谈判的进一步深入，各方在环境影响评价上的立场开始分化。发达国家如美、日、北欧等国强调国家在启动和开展环评以及相关决策方面的主导地位，拒绝接受第三方干预，拒绝该问题的"国际化"。而欧盟、澳大利亚、新西兰和一些国际组织则高举"绿色环保"大旗，主张BBNJ应建立全球环评标准，由独立的科学机构参与环评过程。它们的一些提案，即使当前先进的深海技术，也难以全部满足获取资源所需的环评要素。为了缓和矛盾，美日联合提出"以最佳的科学证据为基础"的折中方案，但没有得到普遍的响应。这种"极端环保主义"观点已成为制约BBNJ达成广泛共识的障碍，但由于这种立场站在了"道德高点"，又不易在BBNJ协定的最终文本中加以忽略，"环保要素"可能会突破《海洋法公约》的规定。

六、我国的原则立场

在第三次预委会上，中国和77国集团就海洋生物遗传资源，包括公海保护区在内的划区管理工具、环境影响评价、能力建设与技术转让、跨领域等问题提出了联合提案。同时，中国又就一些关键问题作出了说明和澄清。2018年9月进行的BBNJ第一次政府间会议中，中国代表团团长、外交部条法司副司长马新民在一般性发言中就此提出了四点建议：

（1）BBNJ国际文书谈判应以协商一致为原则，应避免采取以投票方式决定有关事项。

（2）应以《海洋法公约》为依据，不能偏离《海洋法公约》的原则和精神，不能破坏《海洋法公约》建立的制度框架，不能与现行国际法以及现有的全球、区域和部门的海洋机制相抵触。

（3）应以维护共同利益为目标，既要维护各国的共同利益，特别是顾及广大发展中国家的利益，也要维护国际社会和全人类的整体利益，致力于实现互利共赢的目标。

(4) BBNJ 国际文书制度设计应以合理平衡为导向,在各方和各种利益之间建立合理平衡,不能厚此薄彼。❶

总体来说,中国的立场客观、中立且具有现实性,强调 BBNJ 应在养护与可持续利用之间保持合理平衡,制度设计和安排应具有充分的法律依据、坚实的科学基础和符合客观实际需要,要有利于增加人类对海洋生物多样性的认知,鼓励创新,激励而不是阻碍海洋科学研究。中国认为,BBNJ 协定应兼顾各方利益和关切,立足于国际社会和绝大多数国家的利益和需求,特别是要顾及广大发展中国家的利益;协定应同时兼顾养护与可持续利用,不应给各国增加不切实际的负担;预委会提交的联合国大会建议,应尽最大努力在协调一致的基础上反映各方共识;中国愿在维护现有国际海洋秩序的基础上,与各国一道共同推进 BBNJ 国际新规则的制定,促进养护和可持续利用 BBNJ 目标的实现。总之,中国在管理对象、遗传资源惠益分享、人类共同继承财产与知识产权保护、划区管理工具包括海洋保护区、环境影响评价等争议激烈的问题上持有相当灵活和开放的立场。❷

---

❶ BBNJ 养护与可持续利用协定政府间谈判开启 [EB/OL]. http://www.sohu.com/a/253156375_100122948 [2019-3-20].

❷ 胡学东,等. BBNJ 国际谈判的基础问题与解决途径 [EB/OL]. http://www.comra.org/2017-12/13/content_40104103.htm [2019-3-20].

附录

联合国大会文件
A/AC.287/2017/PC.4/2

/附录：联合国大会文件 A/AC.287/2017/PC.4/2

联合国大会关于根据《联合国海洋法公约》的规定，就国家管辖范围以外区域海洋生物多样性的养护和可持续利用问题拟定一份具有法律约束力的国际文书，即第69/292号决议所设筹备委员会的报告。

一、导言

1. 2015年6月19日联合国大会第69/292号决议决定根据《联合国海洋法公约》（以下简称《海洋法公约》）的规定，就国家管辖范围以外区域海洋生物多样性的养护和可持续利用问题拟定一份具有法律约束力的国际文书。为此，大会决定在举行政府间会议之前，设立一个筹备委员会，所有联合国会员国、专门机构成员和《海洋法公约》缔约方均可参加，并按照联合国惯例邀请其他方面作为观察员参加，以便考虑到共同主席有关不限成员名额非正式特设工作组研究国家管辖范围以外区域海洋生物多样性的养护和可持续利用问题相关工作的各种报告，就根据《海洋法公约》的规定拟定一份具有法律约束力的国际文书的案文草案要点向大会提出实质性建议。❶

2. 大会还决定筹备委员会将在2016年开始工作，并在2017年年底之前向大会报告进展情况，大会将在第72届会议结束之前，考虑到筹备委员会的上述报告，就在联合国主持下召开一次政府间会议以及会议的开始日期作出决定，会议目的是审议筹备委员会关于要点的建议并根据《海洋法公约》的规定拟定具有法律约束力的

---

❶ 见 A/61/65、A/63/79 和 Corr.1、A/65/68、A/66/119、A/67/95、A/68/399、A/69/82、A/69/177 和 A/69/780。

国际文书案文。

3. 大会确认任何根据《海洋法公约》的规定就国家管辖范围以外区域海洋生物多样性问题拟定的具有法律约束力的文书都应确保得到尽可能广泛的接受，并为此决定筹备委员会应竭尽一切努力，以协商一致方式就实质性事项达成协议。大会又确认，至关重要的是筹备委员会要以有效方式开展工作，根据《海洋法公约》的规定拟定一份具有法律约束力的国际文书的案文草案要点，还确认即使在竭尽一切努力后仍未就一些要点达成协商一致，也可将这些要点列入筹备委员会向大会提交建议的某一章节之中。

4. 大会决定通过谈判处理 2011 年商定的一揽子事项所含的专题（见第 66/231 号决议），即国家管辖范围以外区域海洋生物多样性的养护和可持续利用问题，特别是共同且作为一个整体处理海洋遗传资源包括惠益分享问题、划区管理工具包括海洋保护区等措施、环境影响评估以及能力建设和海洋技术转让。

5. 大会还确认该进程不应损害现有相关法律文书和框架以及相关的全球、区域和部门机构，参加谈判和谈判结果都不可影响《海洋法公约》或任何其他相关协议的非缔约国对于这些文书的法律地位。

6. 根据第 69/292 号决议第 6 段，秘书处法律事务厅海洋事务和海洋法司向筹备委员会提供了实务秘书处支助。

二、组织事项

A. 筹备委员会

7. 大会在第 69/292 号决议中决定，筹备委员会应在 2016 年和 2017 年举行至少两次会议，每次为期 10 个工作日。根据该决议，秘书长分别于 2016 年 3 月 28 日至 4 月 8 日和 8 月 26 日至 9 月 9 日在联合国总部召开了筹备委员会第一届和第二届会议。根据第 71/257 号决议，秘书长分别于 2017 年 3 月 27 日至 4 月 7 日和 7 月 10 日至 21 日，在联合国总部召开了筹备委员会第三届和第四届会议。

B. 选举主席团成员

8. 大会第六十九届会议主席萨姆·卡汉巴·库泰萨在 2015 年 9 月 4 日给会员国的信中，依照第 69/292 号决议第 1 (d) 段的规定，任命特立尼达和多巴哥共和国副常驻代表兼该国常驻联合国代表团临时代办伊登·查尔斯担任筹备委员会主席。

9. 大会第69/292号决议第1（e）段决定，筹备委员会应选举设立一个主席团，由每个区域组两名成员组成，这些成员应就程序事项协助主席开展一般性工作。依照上述规定，筹备委员会在第一届会议上选出了由以下10名成员组成的主席团：Mohammed Atlassi（摩洛哥）、Thembile Elphus Joyini（南非）、马新民（中国）、Kaitaro Nonomura（日本）、Konrad Marciniak（波兰）、Maxim V. Musikhin（俄罗斯联邦）、Javier Gorostegui Obanoz（智利）、Gina Guillén-Grillo（哥斯达黎加）、Antoine Misonne（比利时）和Giles Norman（加拿大）。

10. 在筹备委员会第二届会议上，选出Jun Hasebe（日本）和Catherine Boucher（加拿大）为主席团成员，取代已从主席团成员职位上辞任的Kaitaro Nonomura和Giles Norman。鉴于亚洲-太平洋集团达成了分享主席团成员职位的协议，筹备委员会还选出Margo Deiye（瑙鲁）从2016年10月28日起担任主席团成员。

11. 大会第七十一届会议主席彼得·汤姆森在2017年1月24日致函各成员方，伊登·查尔斯表示其不能再担任筹备委员会主席。经与会员国协商后，并根据第69/292号决议第1（d）段的规定，指定巴西常驻联合国副代表卡洛斯·塞尔吉奥·索布拉尔·杜阿尔特先生担任筹备委员会主席。

12. 在筹备委员会第三届会议上，根据第69/292号决议第1（e）段的规定，考虑到拉丁美洲和加勒比国家集团已经达成的协议，选举Pablo Adrían Arrocha Olabuenaga（墨西哥）和José Luis Fernandez Valoni（阿根廷）担任主席团成员，取代Javier Gorostegui Obanoz和Gina Guillén-Grillo。考虑到马来西亚作为亚洲-太平洋集团主席提供的资料，根据该集团达成的协议，筹备委员会还选出Jun Hasebe（日本）从2017年5月28日起担任主席团成员，取代2017年5月27日从主席团辞任的马新民（中国）。

C. 文件

13. 大会第69/292号决议确认在文件方面，筹备委员会所有文件除其议程、工作方案和报告外，都将作为非正式工作文件。筹备委员会各届会议的正式文件清单附于本报告之后。

14. 此外，为了协助各项进程，主席依其职责编写了若干非正式文件（见第

21、26 和 32 段），包括主席关于第一、二、三届会议的概述以及关于国家管辖范围以外区域海洋生物多样性的养护和可持续利用问题具有法律约束力的国际文书案文草案要点的精简非正式文件。❶

15. 应主席邀请，各代表团还就案文草案要点提出了意见，可在海洋事务和海洋法司网站上查阅这些意见。

D. 筹备委员会届会程序

16. 大会第 69/292 号决议第 1（i）段确认，至关重要的是筹备委员会要以有效方式开展工作，根据《海洋法公约》的规定拟定一份具有法律约束力的国际文书的案文草案要点，还确认即使在竭尽一切努力后仍未就一些要点达成协商一致，也可将这些要点列入筹备委员会向大会提交建议的某一章节之中。大会在该决议中决定，除了上述第 1（i）段的规定外，大会各委员会议事程序的规则和惯例适用于筹备委员会的议事程序，对于筹备委员会会议而言，作为《海洋法公约》缔约方的国际组织的参与权应等同于其对《海洋法公约》缔约国会议的参与权，并且，该规定对所有适用大会 2011 年 5 月 3 日第 65/276 号决议的会议不构成先例。

第一届会议

17. 在 2016 年 3 月 28 日筹备委员会第 1 次会议上，主管法律事务的副秘书长兼联合国法律顾问作了发言。筹备委员会通过了 A/AC.287/2016/PC.1/L.1 号文件所载届会议程，并同意按照 A/AC.287/2016/PC.1/L.2 号文件所载暂定工作方案开展工作。

18. 筹备委员会第一届会议举行了 15 次全体会议。来自 99 个联合国会员国，2 个非会员国，联合国 5 个方案、基金和办事处，联合国系统 4 个专门机构和有关组织，8 个政府间组织和 17 个非政府组织的代表出席了会议。

19. 筹备委员会在其全体会议上听取了一般性发言并审议了下列问题：一项具有法律约束力的国际文书的范围及其与其他文书的关系；具有法律约束力的国际文书的指导方针和原则；海洋遗传资源，包括惠益分享问题；划区管理工具包括海洋保护区等措施；环境影响评估；能力建设和海洋技术转让问题。全体会议还讨论并

---

❶ 可查阅：www.un.org/depts/los/biodiversity/prepcom.htm。

/附录：联合国大会文件 A/AC.287/2017/PC.4/2

核准了第二届会议的路线图。

20. 还召开了非正式工作组会议，由以下各位主持：卡洛斯·杜阿尔特（巴西）主持海洋遗传资源包括惠益分享问题非正式工作组；John Adank（新西兰）主持划区管理工具包括海洋保护区等措施非正式工作组；René Lefeber（荷兰）主持环境影响评估非正式工作组；Rena Lee（新加坡）主持能力建设和海洋技术转让问题非正式工作组。

21. 第一届会议之后，根据全体会议讨论并核准的路线图，主席编写了一份届会概况。还有关于事项和问题群组的指示性建议，以协助各非正式工作组在筹备委员会第二届会议上进一步讨论。

第二届会议

22. 在2016年8月26日筹备委员会第16次会议上，主管法律事务的助理秘书长作了发言。筹备委员会通过了 A/AC.287/2016/PC.2/L.1 号文件所载议程，并同意按照 A/AC.287/2016/PC.2/L.2 号文件所载暂定工作方案开展工作。

23. 筹备委员会第二届会议举行了13次全体会议。来自116个联合国会员国，3个非会员国，联合国6个方案、基金和办事处，联合国系统5个专门机构和有关组织，9个政府间组织和22个非政府组织的代表出席了会议。

24. 筹备委员会在其全体会议上审议了下列问题：海洋遗传资源，包括惠益分享问题；划区管理工具包括海洋保护区等措施；环境影响评估；能力建设和海洋技术转让；贯穿各领域的问题。全体会议还讨论并核准了第三届会议的路线图。

25. 还召开了非正式工作组会议，由以下各位主持：伊登·查尔斯（特立尼达和多巴哥）[1]主持海洋遗传资源包括惠益分享问题非正式工作组；John Adank（新西兰）主持划区管理工具包括海洋保护区等措施非正式工作组；René Lefeber（荷兰）主持环境影响评估非正式工作组；Rena Lee（新加坡）主持能力建设和海洋技术转让问题非正式工作组。筹备委员会主席伊登·查尔斯（特立尼达和多巴哥）主持贯穿各领域的问题非正式工作组。

26. 第二届会议之后，根据全体会议讨论并核准的路线图，主席编写了一份届会概况，还就根据《联合国海洋法公约》的规定拟定一份具有法律约束力的国际文

---

[1] 鉴于卡洛斯·杜阿尔特先生不能主持，由主席主持该非正式工作组。

书案文草案要点编写了主席的非正式文件和该文件的补充。

第三届会议

27. 在2017年3月27日筹备委员会第29次会议上，主管法律事务的副秘书长兼联合国法律顾问作了发言。筹备委员会通过了 A/AC.287/2017/PC.3/L.1 号文件所载议程，并同意按照 A/AC.287/2017/PC.3/L.2 号文件所载暂定工作方案开展工作。

28. 筹备委员会第三届会议举行了9次全体会议。来自147个联合国会员国，2个非会员国，联合国5个方案、基金和办事处，联合国系统4个专门机构和有关组织，14个政府间组织和19个非政府组织的代表出席了会议。

29. 海洋环境状况包括社会经济方面问题，全球报告和评估经常程序特设全体工作组在项目7"其他事项"下介绍了国家管辖范围以外区域海洋生物多样性的养护和可持续利用问题以及第一次全球综合海洋评估的技术摘要未经编辑的预发案文。联合国大会第71届会议主席彼得·汤姆森还在该项目下向筹备委员会致辞。

30. 筹备委员会在其全体会议上审议了下列问题：海洋遗传资源，包括惠益分享问题；划区管理工具包括海洋保护区等措施；环境影响评估；能力建设和海洋技术转让；贯穿各领域的问题。全体会议还讨论并核准了第四届会议的路线图。

31. 召开了非正式工作组会议，由以下各位主持：Janine Elizabeth Coye-Felson（伯利兹）❶ 主持海洋遗传资源包括惠益分享问题非正式工作组；Alice Revell（新西兰）主持划区管理工具包括海洋保护区等措施非正式工作组；❷ René Lefeber（荷兰）主持环境影响评估非正式工作组；Rena Lee（新加坡）主持能力建设和海洋技术转让问题非正式工作组；筹备委员会主席卡洛斯·杜阿尔特（巴西）主持贯穿各领域的问题非正式工作组。

32. 第三届会议之后，根据全体会议讨论并核准的路线图，主席编写了一份届会概况，还编写了指示性建议，以协助筹备委员会就根据《联合国海洋法公约》拟定一份具有法律约束力的国际文书案文草案要点编写向大会提出的建议，以及关于该案文草案要点的精简非正式文件。

---

❶ 取代卡洛斯·杜阿尔特（巴西），因为杜阿尔特先生成为新任筹备委员会主席。
❷ 取代 John Adank（新西兰），他已通知主席不再担任主持人职务。

/附录：联合国大会文件 A/AC.287/2017/PC.4/2

第四届会议

33. 在 2017 年 7 月 10 日筹备委员会第 38 次会议上，主管法律事务的副秘书长兼联合国法律顾问作了发言。筹备委员会通过了 A/AC.287/2017/PC.4/L.1 号文件所载临时议程，并同意按照 A/AC.287/2017/PC.4/L.2 号文件所载暂定工作方案开展工作。

34. 筹备委员会第四届会议举行了 10 次全体会议。来自 131 个联合国会员国，2 个非会员国，联合国 2 个方案、基金和办事处，联合国系统 9 个专门机构和有关组织，10 个政府间组织和 23 个非政府组织的代表出席了会议。

35. 筹备委员会在其全体会议上听取了一般性发言并审议了就根据《联合国海洋法公约》的规定拟定一份具有法律约束力的国际文书的案文草案要点编写实质性建议的问题（见下文第 38 段）。全体会议还审议了筹备委员会的报告（见下文第 40 段）。

36. 第一周还召开了非正式工作组会议，由以下各位主持：Janine Elizabeth Coye-Felson（伯利兹）主持海洋遗传资源包括惠益分享问题非正式工作组；Alice Revell（新西兰）主持划区管理工具包括海洋保护区等措施非正式工作组；René Lefeber（荷兰）主持环境影响评估非正式工作组；Rena Lee（新加坡）主持能力建设和海洋技术转让问题非正式工作组；筹备委员会主席卡洛斯·杜阿尔特（巴西）主持贯穿各领域的问题非正式工作组。

37. 在第二周的全体会议期间，许多代表团提议在 2018 年召开一次政府间会议，并将其纳入向大会提出的实质性建议。一些代表团还提议，会议应在 2018 年和 2019 年期间至少举行四轮谈判，每轮为期两周，提供全套会议服务。一些代表团建议，会议应比照适用大会议事规则。其他代表团强调指出，是否召开一次政府间会议以及会议的时间和方式应留给大会决定，筹备委员会的实质性建议不应包含这方面的任何提议，以避免预先限定大会的讨论。一个代表团认为，在举行政府间会议之前，筹备委员会可能需要召开更多届会。

三、筹备委员会的建议

38. 在 2017 年 7 月 21 日第 47 次会议上，筹备委员会以协商一致方式通过了以下建议。

筹备委员会按照大会2015年6月19日第69/292号决议举行会议，建议大会：

（a）审议下文A节和B节所载要点，以期根据《联合国海洋法公约》的规定就国家管辖范围以外区域海洋生物多样性的养护和可持续利用问题拟定一份具有法律约束力的国际文书。A节和B节的内容并非已形成的共识。A节包含多数代表团意见一致的非排他性要点。B节重点突出存在意见分歧的一些主要问题。A节和B节仅供参考之用，因为它们并不反映讨论过的所有选项。这两节均不妨碍各国在谈判中的立场。

（b）大会应尽快做出决定，是否在联合国主持下召开一次政府间会议，以审议筹备委员会关于要点的建议并根据《海洋法公约》的规定拟定具有法律约束力的国际文书案文。

A 节

一、序言要点

案文将阐明广泛的背景事项，例如：

· 说明拟定该文书所出于的各种考虑因素，包括主要关切和问题。

· 确认在国家管辖范围以外区域海洋生物多样性的养护和可持续利用方面，《海洋法公约》发挥的核心作用以及现行其他相关法律文书和框架以及相关全球、区域和部门机构的作用。

· 确认需要增进合作和协调，以促进国家管辖范围以外区域海洋生物多样性的养护和可持续利用。

· 确认需要提供援助，使发展中国家，特别是处于不利地理位置的国家、最不发达国家、内陆发展中国家和小岛屿发展中国家以及非洲沿海国能够有效参与国家管辖范围以外区域海洋生物多样性的养护和可持续利用。

· 确认需要一个全面的全球制度，以更好地处理国家管辖范围以外区域海洋生物多样性的养护和可持续利用问题。

· 表示坚信一项执行《海洋法公约》有关规定的协议最符合这些目的，并有助于维护国际和平与安全。

· 申明《海洋法公约》、其执行协议或本文书未予规定的问题，仍由一般国际法规则和原则加以规范。

二、一般性要点

1. 用语❶

案文将提供关键用语的定义，同时注意需要与《海洋法公约》及其他相关法律文书和框架中的用语定义保持一致。

2. 适用范围

2.1 地理范围

案文将说明，本文书适用于国家管辖范围以外的区域。

案文将指出，应尊重沿海国对其国家管辖范围内的所有区域，包括对 200 海里以内和以外的大陆架以及专属经济区的权利和管辖权。

2.2 属事范围

案文将处理国家管辖范围以外区域海洋生物多样性的养护和可持续利用问题，特别是一并作为一个整体处理海洋遗传资源包括惠益分享问题、划区管理工具包括海洋保护区等措施、环境影响评估以及能力建设和海洋技术转让问题。

案文可以规定不在本文书适用范围内的除外事项，并在处理主权豁免相关问题上与《海洋法公约》保持一致。

3. 目标

案文将规定，本文书的目的是通过有效执行《海洋法公约》，确保国家管辖范围以外区域海洋生物多样性的养护和可持续利用。

如经商定，案文还可以规定其他目标，例如，推进国际合作与协调，以确保实现养护和可持续利用国家管辖范围以外区域海洋生物多样性的总体目标。

4. 与《海洋法公约》以及其他文书、框架和相关全球、区域和部门机构的关系

关于与《海洋法公约》的关系，案文将指出，文书中的任何内容都不应妨害《海洋法公约》规定的各国的权利、管辖权和义务。案文将进一步指出，本文书应参照《海洋法公约》的内容并以符合《海洋法公约》的方式予以解释和适用。

案文将指出，本文书将促进与现有相关法律文书和框架以及相关全球、区域和部门机构的协调一致性，并对其做出补充。案文还将指出，该文书的解释和适用不应损害现有的文书、框架和机构。

案文可确认，《海洋法公约》或任何其他相关协定的非缔约方相对于这些文书

---

❶ 一些仅与本文书一个部分有关的具体定义可能列于相关部分中。

的法律地位不受影响。

三、国家管辖范围以外区域海洋生物多样性的养护和可持续利用

1. 一般原则和方法❶

文书将规定国家管辖范围以外区域海洋生物多样性的养护和可持续利用的一般原则和指导方法。

可能的一般原则和方法包括：

·尊重《海洋法公约》所载之权利、义务和利益的平衡。

·兼顾《海洋法公约》有关条款所适当顾及的事项。

·尊重沿海国对其国家管辖范围内所有区域，包括对200海里以内和以外的大陆架以及专属经济区的权利和管辖权。

·尊重各国主权和领土完整。

·只为和平目的利用国家管辖范围以外区域的海洋生物多样性。

·促进国家管辖范围以外区域海洋生物多样性的养护和可持续利用两方面。

·可持续发展。

·在所有各级开展国际合作与协调，包括南北、南南和三方合作。

·相关利益攸关方的参与。

·生态系统方法。

·风险预防方法。

·统筹办法。

·基于科学的办法，利用现有的最佳科学资料和知识，包括传统知识。

·适应性管理。

·建设应对气候变化影响的能力。

·符合《海洋法公约》不将一种污染转变成另一种污染的义务。

·"谁污染谁付费"原则。

·公众参与。

·透明度和信息的可取得性。

·小岛屿发展中国家和最不发达国家的特别需要，包括避免直接或间接地将过度的养护行动负担转嫁给发展中国家。

---

❶ 其中一些原则和方法将列于一个单独条款中，有些则列在序言部分。

/附录：联合国大会文件 A/AC.287/2017/PC.4/2

· 诚信。

2. 国际佳作

案文将规定各国有义务合作，以养护和可持续利用国家管辖范围以外区域的海洋生物多样性，并将详细规定这种义务的内容和方式。

3. 海洋遗传资源，包括惠益分享问题

3.1 范围❶

案文将规定本文书这个章节在地域和属事方面的适用范围。

3.2 获取和惠益分享

3.2.1 获取

案文将述及获取问题。

3.2.2 惠益分享

（1）目标

案文将规定，惠益分享的目标是：

· 促进国家管辖范围以外区域海洋生物多样性的养护和可持续利用。

· 建设发展中国家获取和利用国家管辖范围以外区域海洋遗传资源的能力。案文还可列明商定的其他目标。

（2）惠益分享的指导原则和方法❷

案文将规定惠益分享的指导原则和方法，例如：

· 惠及当代和后代。

· 促进海洋科学研究和开发。

（3）惠益

案文将规定可以分享的惠益类型。

（4）惠益分享模式

案文将规定惠益分享模式，同时考虑到现有的文书和框架，例如，它可以作出安排，建立一个有关惠益分享的信息交换机制。❸

---

❶ 也可以在文书开头关于范围的总章内论述范围问题（例如，见上文第二.2部分）。
❷ 也可以在文书开头关于原则和方法的总章内载列各项原则（例如，见上文第三.1部分）。
❸ 信息交换机制的功能可以载于文书的单独章节，专门讨论信息交换机制（例如，见下文第五部分），或载于本节。

3.2.3 知识产权

案文可规定本文书与知识产权之间的关系。

3.3 监测国家管辖范围以外区域海洋遗传资源的利用

案文将处理监测国家管辖范围以外区域海洋遗传资源的利用。

4. 划区管理工具包括海洋保护区等措施

4.1 划区管理工具包括海洋保护区的目标

案文将规定划区管理工具包括海洋保护区在养护和可持续利用国家管辖范围以外区域海洋生物多样性方面的目标。

4.2 与相关文书、框架和机构所规定措施的关系

案文将规定本文书项下措施与现有的相关法律文书和框架以及相关全球、区域和部门机构所定措施之间的关系,目的是促成各种努力之间的一致性和协调性。

案文将申明,就划区管理工具包括海洋保护区而言,必须加强相关法律文书和框架以及相关全球、区域和部门机构之间的合作与协调,不妨碍其各自任务。

案文还将处理该文书规定的措施与毗邻沿海国所制定措施之间的关系问题,包括兼容性问题,不得妨碍沿海国的权利。

4.3 划区管理工具包括海洋保护区的有关程序

考虑到各种类型的划区管理工具,包括海洋保护区,案文会根据将要拟定的方法,规定划区管理工具包括海洋保护区的相关程序以及有关作用和职责。

4.3.1 确定区域

案文将规定,需要保护区域的确定程序将以现有的最佳科学资料、标准和准则为依据,包括:

- 独特性。
- 稀有性。
- 对物种的生命史各阶段特别重要。
- 对受威胁物种、濒危物种或数量不断减少的物种和(或)生境的重要性。
- 脆弱性。
- 脆性。
- 敏感性。
- 生物生产力。

/附录：联合国大会文件 A/AC.287/2017/PC.4/2

- 生物多样性。
- 代表性。
- 依赖性。
- 自然度。
- 连通性。
- 生态过程。
- 经济和社会因素。

4.3.2 指定程序

（1）提案

案文将包含关于划区管理工具以及海洋保护区有关提案的条款。

在审议海洋保护区和其他有关的划区管理工具时，提案要点应包括：

- 地理/空间说明。
- 威胁/脆弱性和价值。
- 与识别标准有关的生态因素。
- 与区域识别标准和准则有关的科学数据。
- 养护和可持续利用目标。
- 相关全球、区域和部门机构的作用。
- 区域内或毗邻区域的现有措施。
- 区域内具体的人类活动。
- 社会-经济考虑因素。
- 管理计划草案。
- 监测、研究和审查计划。

（2）就提案进行协商和评估

案文将规定一个就提案与相关全球、区域和部门机构，包括毗邻沿海国在内的所有国家以及其他相关利益攸关方包括科学家、业界、民间社会、传统知识拥有者和地方社区进行协调和磋商的程序。

案文还将规定对提案进行科学评估的导则。

（3）决策

案文将规定如何就划区管理工具包括海洋保护区的有关事项作出决策，包括决策人和决策依据。

案文将处理拟议划区管理工具包括海洋保护区所涉区域的毗邻沿海国的参与问题。

4.4 执行

案文将规定本文书的缔约方对于特定区域相关措施的职责。

4.5 监测和审查

案文将规定评估划区管理工具包括海洋保护区有效性以及采取后续行动的条款，同时注意有必要采取适应性办法。

5. 环境影响评估

5.1 进行环境影响评估的义务

根据《海洋法公约》第206条和习惯国际法，案文将规定各国有义务评估在其管辖或控制下计划开展的活动对国家管辖范围以外区域的潜在影响。

5.2 与相关文书、框架和机构的环境影响评估程序的关系

案文将规定本文书项下环境影响评估与相关法律文书和框架，以及相关全球、区域和部门机构的环境影响评估程序之间的关系。

5.3 需要进行环境影响评估的活动

案文将讨论对国家管辖范围以外区域进行环境影响评估的阈值和标准。

5.4 环境影响评估程序

案文将处理环境影响评估程序的流程步骤，例如：

· 筛查。

· 确定范围。

· 采用现有的最佳科学资料，包括传统知识，对影响进行预测和评价。

· 公告和协商。

· 发布报告和向公众提供报告。

· 审议报告。

· 发布决策文件。

· 获取资料。

· 监测和审查。

案文将处理环境影响评估之后的决策问题，包括一项活动是否以及在什么条件

/附录：联合国大会文件 A/AC.287/2017/PC.4/2

下继续开展。

案文将处理毗邻沿海国的参与问题。

5.5 环境影响评估报告的内容

案文将说明环境影响评估报告应包含的内容，例如：

- 说明计划开展的活动。
- 说明可以替代计划活动的其他选择，包括非行动性选择。
- 说明范围研究的结果。
- 说明计划活动对海洋环境的潜在影响，包括累积影响和任何跨边界的影响。
- 说明可能造成的环境影响。
- 说明任何社会经济影响。
- 说明避免、防止和减轻影响的措施。
- 说明任何后续行动，包括监测和管理方案。
- 不确定性和知识缺口。
- 一份非技术摘要。

5.6 监测、报告和审查

案文将根据并遵循《海洋法公约》第204-206条规定的相关义务，以确保对国家管辖范围以外区域授权开展的活动造成的影响进行监测、报告和审查。

案文将处理向毗邻沿海国提供信息的问题。

5.7 环境战略评估

案文可处理战略性环境评估问题。❶

6. 能力建设和海洋技术转让❷

6.1 能力建设和海洋技术转让的目标

案文将述及能力建设和海洋技术转让的目标，依照《海洋法公约》第266条第2款，通过发展和加强可能有需要和要求的国家、特别是发展中国家的能力，协助其履行该文书规定的权利和义务，从而支持实现国家管辖范围以外区域海洋生物多样性的养护和可持续利用。

案文应当承认发展中国家，特别是最不发达国家、内陆发展中国家、地理不利

---

❶ 可以在该文书的另一个章节，例如，在划区管理工具包括海洋保护区的章节中审议这个问题。
❷ 能力建设和海洋技术转让可以作为专题占据专门一个章节，或者作为主流内容纳入所有其他章节。

国和小岛屿发展中国家以及非洲沿海国家在该文书项下的特殊要求。

6.2 能力建设和海洋技术转让的类别和模式

在现有文书,例如《海洋法公约》和政府间海洋学委员会的《海洋技术转让标准和准则》的基础上,案文可以包括一份在稍后阶段制定的指示性不完全清单,列出能力建设和海洋技术转让的大类类型,例如:

·科学和技术援助,包括有关海洋科学研究的援助,例如,通过联合研究合作方案提供援助。

·教育和人力资源培训,包括采取讲习班和讨论会方式。

·数据和专门知识。

案文还将提供能力建设和海洋技术转让的各种模式,包括可能采取这些模式:

·由国家主导并能顺应定期评估的需求和优先事项。

·发展和加强人的能力和机构能力。

·长期且可持续。

·按照《海洋法公约》第十三和十四部分,发展各国的海洋科学和技术能力。

案文将详细规定与海洋遗传资源包括惠益分享问题、划区管理工具包括海洋保护区等措施以及环境影响评估有关的合作和援助形式。

案文将作出安排,建立一个信息交换机制,以履行能力建设和海洋技术转让职能,同时考虑到其他组织的工作。

6.3 供资

考虑到现有机制,案文将处理资金和资源提供问题。还可以处理有关资金和资源的持续性、可预测性和可获取性问题。

6.4 监测和审查

案文将处理对能力建设和海洋技术转让活动有效性的监测和审查问题,以及可能采取的后续行动。

四、体制安排

案文将规定体制安排,同时考虑到是否有可能利用现有的机构、制度和机制。可能的体制安排可以包括以下各项。

1. 决策机构/论坛

案文将规定一种用于决策的体制框架及其可以履行的职能。决策机构/论坛在支持文书执行方面可能履行的职能包括：

·通过议事规则。

·审查文书的执行工作。

·促进为养护和可持续利用国家管辖范围以外区域海洋生物多样性所做的各种努力协调一致。

·促进合作与协调，包括与相关全球、区域和部门机构进行合作与协调，以养护和可持续利用国家管辖范围以外区域的海洋生物多样性。

·就文书的执行进行决策并提出建议。

·为履行职能，设立必要的附属机构。

·文书中确定的其他职能。

2. 科学/技术机构

案文将规定科学咨询/信息方面的体制框架。

案文还将规定该体制框架将履行的职能，例如，向文书列明的决策机构/论坛提供咨询意见以及履行决策机构/论坛确定的其他职能。

3. 秘书处

案文将规定一个履行如下秘书处职能的体制框架：

·提供行政和后勤支持。

·应缔约国要求，报告与文书执行有关的事项以及与国家管辖范围以外区域海洋生物多样性的养护和可持续利用有关的事态发展。

·为决策机构/论坛及其可能设立的任何其他机构举办会议并提供会议服务。

·散发有关文书执行的信息。

·确保与其他有关国际机构的秘书处进行必要协调。

·按照决策机构/论坛授予的任务，协助执行本文书。

·履行文书明确规定的其他秘书处职能以及决策机构/论坛可能确定的其他职能。

五、信息交换机制

案文将规定就国家管辖范围以外区域海洋生物多样性的养护和可持续利用促进相关信息交流的模式，以确保执行文书。

案文将就数据储存库或信息交换机制等各种机制作出安排。信息交换机制可能发挥的功能包括：

·传播国家管辖范围以外区域海洋遗传资源有关研究所产生的资料、数据和知识，以及有关海洋遗传资源的其他相关资料。

·传播与划区管理工具包括海洋保护区有关的资料，例如，科学数据、后续报告和主管机构作出的相关决定。

·传播关于环境影响评估的资料，例如，提供一个文献中心，提供存储环境影响评估报告、传统知识、最佳环境管理做法和累积影响资料。

·传播能力建设和海洋技术转让相关信息，包括促进技术和科学合作的相关信息，关于研究方案，项目和举措的信息，关于能力建设和海洋技术转让有关需求和机会的信息，关于供资机会的信息。

六、财政资源和财务事项

案文将处理与文书动作有关的财务事项。

七、遵守

案文将处理遵守文书方面的事项。

八、争端解决

在《联合国宪章》和《海洋法公约》的争端解决条款等现有规则基础上，案文将规定以和平方式解决争端的义务以及合作避免争端的必要性。

案文还将规定涉及文书解释或适用的争端解决模式。

九、职责和责任

案文将处理与职责和责任有关的事项。

十、审查

案文将规定定期审查文书在实现其目标方面的有效性。

十一、最后条款

案文将列明文书的最后条款。

为实现普遍参与，该文书将在这方面与《海洋法公约》的有关条款（包括涉及国际组织的条款）保持一致。

案文将解决本文书如何不妨害各国就陆地和海上争端所持立场的问题。

B 节

在人类共同财产和公海自由方面，还需要进一步讨论。

/附录：联合国大会文件 A/AC.287/2017/PC.4/2

在海洋遗传资源包括分享惠益问题上，需要进一步讨论文书是否应当对海洋遗传资源的获取进行规制、这些资源的性质、应当分享何种惠益、是否处理知识产权问题、是否规定对国家管辖范围以外区域海洋遗传资源的利用进行监测。

在划区管理工具包括海洋保护区等措施方面，还需要进一步讨论最适当的决策和体制安排，以期增进合作与协调，同时避免损害现行法律文书和框架以及区域机构和（或）部门机构的授权任务。

在环境影响评估方面，还需要进一步讨论该进程由各国开展或者"国际化"的程度问题，以及文书是否应当处理战略性环境影响评估。

在能力建设和海洋技术转让方面，需要进一步讨论海洋技术转让的条款和条件，讨论体制安排以及国际文书建立的制度与相关全球、区域和部门机构之间的关系。还需要进一步关注的一个相关问题是如何处理监测、审查及遵守文书事项。

关于供资，需要进一步讨论所需资金的规模和是否应当设立一个财政机制，讨论争端解决以及职责和责任。

四、其他事项

39. 大会在第 69/292 号决议第 5 段中请秘书长设立一项特别自愿信托基金，用于协助发展中国家，特别是最不发达国家、内陆发展中国家和小岛屿发展中国家出席筹备委员会会议和政府间会议，邀请会员国、国际金融机构、捐助机构、政府间组织、非政府组织以及自然人和法人向该自愿信托基金作出财政捐助。秘书处在筹备委员会各届会议上通报信托基金的现况。以下各国已向自愿信托基金作出捐助：爱沙尼亚、芬兰、爱尔兰、荷兰和新西兰。

五、通过筹备委员会的报告

40. 2017 年 7 月 20 日，在筹备委员会第 46 次会议上，主席介绍了报告草稿。

41. 2017 年 7 月 21 日，在筹备委员会第 47 次会议上，欧洲联盟及其成员方认为建议的 A 节第二.4 部分第 3 段并不是多数代表团已形成一致意见的一个要点。

42. 在同一次会议上，筹备委员会通过了经修正的报告草稿。

附件

文件一览表

A/AC.287/2016/PC.1/1 第一届会议议程

A/AC.287/2016/PC.1/L.1 第一届会议临时议程

A/AC.287/2016/PC.1/L.2 第一届暂定工作方案

A/AC.287/2016/PC.2/1 第二届会议议程

A/AC.287/2016/PC.2/L.1 第二届会议临时议程

A/AC.287/2016/PC.2/L.2 第二届会议暂定工作方案

A/AC.287/2017/PC.3/1 第三届会议议程

A/AC.287/2016/PC.3/L.1 第三届会议临时议程

A/AC.287/2017/PC.3/L.2 第三届会议暂定工作方案

A/AC.287/2017/PC.4/1 第四届会议议程

A/AC.287/2016/PC.4/L.1 第四届会议临时议程

A/AC.287/2017/PC.4/L.2 第四届会议暂定工作方案

参考文献

著作

［1］周忠海. 海涓集：国际海洋法文集［M］. 北京：中国政法大学出版社，2012.

［2］周忠海. 国际海洋法［M］. 北京：中国政法大学出版社，1987.

［3］陈德恭. 现代国际海洋法［M］. 北京：中国社会科学出版社，1988.

［4］［荷］雨果·格老秀斯. 论海洋自由或荷兰参与东印度贸易的权利［M］. 马忠法，译. 上海：上海人民出版社，2013.

［5］周子亚，范涌. 公海［M］. 北京：海洋出版社，1990.

［6］水上千之. 船舶国籍与方便旗船籍［M］. 全贤淑，译. 大连：大连海事大学出版社，2000.

［7］刘丹. 海洋生物资源保护的国际法［M］. 上海：上海人民出版社，2012.

［8］范晓婷主编. 公海保护区的法律与实践［M］. 北京：海洋出版社，2015.

［9］联合国粮食与农业组织编. 公海深海渔业管理国际准则（联合国资料）. 罗马：联合国粮食与农业组，2009.

［10］纪晓昕. 国家管辖范围外深海生物多样性法律规制研究［M］. 北京：知识产权出版社，2012.

［11］张小勇. 遗传资源的获取和惠益分享与知识产权［M］. 北京：知识产权出版社，2007.

［12］裴兆斌，朱晓丹等. 蔚蓝的秩序——西非渔业咨询案评析［M］. 江苏：东南大学出版社，2018.

［13］Helmut Tuerk. Reflections on the Contemporary Law of the Sea［M］. Boston：Martinus Nijhoff Publishers，2012.

[14] Yoshifumi Tanaka. The International Law of the Sea [M]. London: Cambridge, 2012.

[15] Wemyss, Thomas Fulton. The Sovereignty of the Sea [M]. London: William Blackwood, 1911.

[16] Richard Edward. Ship Registration. Law and Practice [M]. London: Informa Maritime & Transport, 2009.

[17] United Nations Convention on the Law of the Sea 1982: A Commentary. Leiden/Boston: Martinus Nijhoff Publishers, 2002.

论文

[1] 陈德恭, 高之国. 国际海洋法的新发展 [J]. 海洋开发与管理, 1985 (1): 42-49.

[2] 郁志荣. 国际海洋法发展史的追溯 [J]. 海洋开发与管理, 2000 (1): 40-42.

[3] 周子亚. 海洋法的形成和发展 [J]. 吉林大学社会科学学报, 1982 (3): 35-41.

[4] 孔令杰. 大国崛起视角下海洋法的形成和发展 [J]. 武汉大学学报 (哲学社会科学版), 2010 (1): 44-48.

[5] 冯承伯, 李元良. 马汉的海上实力论 [J]. 历史研究, 1978 (4): 72-83.

[6] 赵君尧. 郑和下西洋与15世纪前后中西海洋文化价值取向比较 [J]. 湛江海洋大学学报, 2004 (5): 19-28.

[7] 崔凤, 陈默. 突破教皇子午线: 荷兰的海洋强国之路 [J]. 中国海洋大学学报 (社会科学版), 2015 (4): 16-22.

[8] 刘中民. 领海制度形成与发展的国际关系分析 [J]. 太平洋学报, 2008 (3): 17-28.

[9] 罗钰如. 历史地、发展地、全面地看待1982年《联合国海洋法公约》[J]. 太平洋学报, 1995 (2): 33-36.

[10] 叶洋恋. 船舶登记功能的演变——以英国立法变革为视角 [J]. 世界海运, 2013 (3): 36-40.

[11] 安飞. 方便旗"逆风"飘扬 [J]. 中国船检, 2002 (12): 12-15.

[12] 侯婉舒. 方便旗船舶管理探析 [J]. 中国水运, 2009 (11): 60-61.

[13] 顾家骏. 方便旗船队的发展 [J]. 航海科技动态, 1998 (5): 1-8.

[14] 邢丹. 中国船舶登记制度之变 [J]. 中国船检, 2013 (11): 19-22.

［15］全智贤. 关于中国设立国际船舶登记制度的深层思考［J］. 大连海事大学学报（社会科学版），2014（2）：34-37.

［16］张小奕. 试论航行自由的历史演进［J］. 国际法研究，2014（4）：22-34.

［17］张磊. 论国家主权对航行自由的合理限制——以海洋化的历史演进为视角［J］. 法商研究，2015（5）：175-183.

［18］张铎. 我国对国际海上避撞规则的保留和适用［J］. 世界海运，2017（11）：1-2.

［19］慕亚平. 从"公海捕鱼自由"原则的演变看海洋渔业管理制度的发展趋势［J］. 中国海洋法学评论，2005（1）：67-78.

［20］熊敏思，樊伟，等.《南印度洋渔业管理协议》概况及中国远洋渔业的应对策略［J］. 渔业信息与战略，2016（4）：299-305.

［21］谭畅. 分渔业委员会提交的咨询意见请求案评析［J］. 武大国际法评论，2015（2）：324-341.

［22］毛达. 海洋垃圾污染及其治理的历史演变［J］. 云南师范大学学报（哲学社会科学版），2010（6）：56-66.

［23］胡正红，贾建雄. 2016《防止船舶垃圾污染规则》生效后海船垃圾处理的几个焦点问题［J］. 世界海运，2018（10）：17-19.

［24］于海晴，等. 海洋垃圾和微塑料污染问题及其国际进程［J］. 世界环境，2018（2）：50-53.

［25］廖琴，等. 世界海洋环境中的塑料污染现状分析及治理建议［J］. 世界科技研究与发展，2015（2）：206-211.

［26］王菊英，林新珍. 应对塑料及微塑料污染的海洋治理体系浅析［J］. 太平洋学报，2018（4）：79-87.

［27］刘小兵，孙海文. 国际渔业管理现状和趋势（一）［J］. 中国水产，2008（10）：30-32.

［28］王琦，桂静，等. 法国公海保护的管理和实践及其对我国的借鉴意义［J］. 环境科学导刊，2013，32（2）：7-13.

［29］桂静. 不同维度下公海保护区现状及其趋势研究［J］. 太平洋学报，2015，（5）：1-8.

[30] 公衍芬，范晓婷，等. 欧盟公海保护的立场和实践及对我国的启示 [J]. 环境与可持续发展, 2013 (5): 37040.

[31] 刘惠荣，韩洋. 特别保护区：公海多样性保护的新视域 [J]. 华东政法大学学报, 2009 (5): 141-145.

[32] 桂静，范晓婷，等，国际现有公海保护区及其管理机制概览 [J]. 环境与可持续发展, 2013 (5): 41-45.

[33] 杨雷，韩紫轩，陈丹红，等. 关于《建立 CCAMLR 海洋保护区的总体框架》有关问题分析 [J]. 极地研究, 2014, 26 (4): 522-534.

[34] 肖锋. 联合国海洋法公约第十一部分及其修订问题 [J]. 甘肃政法学院学报, 1996 (2): 55-61.

[35] 林新珍. 国家管辖范围以外区域海洋生物多样性的保护与管理 [J]. 太平洋学报, 2011 (10): 94-102.

[36] 张湘兰，李洁. 国家管辖外海域遗传资源惠益分享机制的构建——以知识产权为保护为视角 [J]. 武大国际法评论, 2017 (4): 62-75.

[37] 郑苗壮，刘岩，裘婉飞. 国家管辖范围以外区域海洋生物多样性焦点问题研究 [J]. 中国海洋大学学报（哲学社会科学版）, 2017 (1): 61-68.

[38] 张磊. 论国家管辖范围以外区域海洋生物多样性治理的柔化——以融入软法因素的必然性为视角 [J]. 复旦学报（社会科学版）, 2018 (2) 169-180.

[39] Theodore Okonkwo. 国家管辖范围以外的海洋公域管理 [J]. 中国海洋法学评论（中英文版）, 2016 (2): 37-82.

[40] 刘惠荣，胡小明. 主权要素在 BBNJ 环境影响评价制度形成中的作用 [J]. 太平洋学报, 2017 (10): 1-11.

[41] 唐议，盛燕燕，陈圆圆. 公海深海底层渔业国际管理进展 [J]. 水产学报, 2014 (5): 759-768.

[42] 林金兰，陈彬，等. 海洋生物多样性保护优先区域的确定 [J]. 生物多样性, 2013 (1): 38-46.

[43] 蒋小翼.《联合国海洋法公约》中环境影响评价义务的解释与适用 [J]. 北方法学, 2018 (4): 116-126.

[44] 丁丽柏. 国际海洋技术发展和转让的法律问题 [J]. 经济法论坛, 2005 (1):

451-462.

［45］李洁，张湘兰. 国家管辖外海域生物多样性保护国际法规范的完善［J］. 中国海商法年刊，2016（2）：26-31.

［46］白佳玉，庄丽. 北冰洋核心区公海渔业资源共同治理问题研究［J］. 国际展望，2017（3）.

［47］邹磊磊，张侠，邓贝西. 北极公海渔业管理制度初探［J］. 中国海洋大学学报（哲学社会科学版），2015（5）：7-12.

［48］唐建业. 北冰洋公海生物资源养护：沿海五国主张的法律分析［J］. 太平洋学报，2016（1）：93-101.

［49］赵理海. 评联合国秘书长关于国际海底问题的磋商（一）［J］. 海洋开发与管理，1995（3）：66-75.

［50］赵理海. 评联合国秘书长关于国际海底问题的磋商（二）［J］. 海洋开发与管理，1995（4）：45-52.

［51］王超. 国际海底区域资源开发与海洋环境保护制度的新发展——《"区域"内矿产资源开采规章草案》评析［J］. 外交评论（外交学院学报），2018（4）：81-105.

［52］杨泽伟. 国际海底区域"开采法典"的制定与中国的应有立场［J］. 当代法学，2018（2）：26-35.

［53］何宗玉，林景高，杨保华，等. 国际海底区域采矿规章制定的进展与主张［J］. 太平洋学报，2016（10）：9-18.

［54］薛桂芳，徐向欣. 国际海底管理局适应性管理办法的推行及中国的应对［J］. 中国海商法研究，2017（2）：52-59.

［55］黄惠康. 国际海洋法前沿值得关注的十大问题［J］. 边界与海洋研究，2019（1）：5-20.

［56］胡学东. 围绕海洋生物多样性的国际较量——国家管辖范围外区域海洋生物多样性最终建议性文件点评［N］. 中国海洋报（社会科学版），2017-11-19（2）.

［57］Percy Thomas Fenn. Justinian and Freedom of Sea［J］. The American Journal of International Law，1925，19（4）：716-727.

［58］Tullio Scovazzi，Marine Protected Areas on the High Seas：Some Legal and Policy

Considerations [J]. The International Journal of Marine and Coastal Law, 2004, 19 (1): 1-17.

[59] Angelica Bonfanti, Seline Trevisanut, TRIPS on the High Seas: Intellectual Property Rights on Marine Genetic Resources [J]. Brooklyn Journal of International Law, 2011, 37 (1): 188-232.

[60] Petra Drankier, Alex G. Oude Elferink, Marine Genetic Resources in Areas beyond National Jurisdiction: Access and Benefit-sharing [J]. 27 The International Journal of Marine and Coastal Law 2012 (27): 375-433.

[61] Angela Cassar, Carl Bruch. Transboundary Environmental Impact Assessment in International Watercourse Management [J]. New York University Environmental Law Journal, 2003 (12): 170-244.

[62] Aline Jaeckel, An Environmental Management Strategy for the International Seabed Authority? The Legal Basis [J]. International Journal of Marine and Coastal Law, 2015 (30): 93-119.

网络资源

[1] 联合国文件查询：http://www.un.org/en/documents/index.html.

[2] 联合国国际法委员会：http://legal.un.org/ilc.

[3] 国际法院：http://www.icj-cij.org.

[4] 联合国海洋与海洋法：http://www.un.org/Depts/los.

[5] 国家管辖范围外区域海洋生物多样性政府间会议：https://www.un.org/bbnj/.

[6] 国际海洋法法庭：https://www.itlos.org.

[7] 常设仲裁法院：https://pca-cpa.org.

[8] 国际海底管理局：https://www.isa.org.

[9] 联合国粮食及农业组织渔业及水产部：http://www.fao.org/fishery.

[10] 联合国环境规划署：http://www.unep.org.

[11] 国际海事组织：http://www.imo.org.

[12] 世界自然保护联盟：https://www.iucn.org.

[13] 世界自然基金会：http://wwf.org.

[14] 全球环境基金：http://www.thegef.org.

[15] 世界公园大会：https://www.worldparkscongress.org.

[16] 特别敏感海域：http://pssa.imo.org/#/intro.

[17] 脆弱海洋生态系统：http://www.fao.org/in-action/vulnerable-marine-ecosystems.

[18] 生物学和生态学重要意义的海洋区域：https://www.cbd.int/ebsa.

[19] 南极条约秘书处：https://www.ats.aq.

[20] 南极海洋生物资源保护委员会：https://www.ccamlr.org/.

[21] 《生物多样性公约》：https://www.cbd.int.

[22] 《粮食和农业植物遗传资源国际条约》：http://www.fao.org/plant-treaty.

[23] 《东北大西洋海洋环境保护公约》：http://www.ospar.org.

[24] 生态和生物学重要意义的海洋区域：https://www.cbd.int/ebsa.

[25] PELAGOS 海洋保护区：http://www.sanctuaire-pelagos.org.

[26] TETHYS 研究所：https://www.tethys.org.

[27] 特别保护区区域行动中心（RAC/SPA）：http://www.rac-spa.org.

[28] AVALON 项目：http://avalon.law.yale.edu/default.asp.

[29] 海洋垃圾全球伙伴（GPML）：http://marinelitternetwork.com/.